Schülerhilfe®

D1983709

Gute Noten in

DEUTSCH

Die wichtigsten Lerninhalte der 7. bis 10. Klasse

tandem.VERLAG
print line

Andrea Heinrichs
Martina Wolff

Textquellen:
S. 25: Beide Pole der Erde erreicht: Lüdenscheider Nachrichten 3.1.05; S. 30: Reisen bildet – Sprachkurse im Ausland helfen oft auch für den Beruf. Nach: Lüdenscheider Nachrichten vom 4. Januar 2004; S. 47: Ror Wolf: Vor einiger Zeit ... aus: R. Wolf: Mehrere Männer. Zweiundachtzig ziemlich kurze Geschichten, zwölf Collagen und eine längere Reise. Darmstadt/Neuwied: Luchter-hand 1987. S. 25; S. 47: Nach Ralf Thenior: Der Fall; aus: Literaturmagazin 3. Reinbek: Rowohlt 1975; S. 48: nach: Falk Spirallo Reiseführer Berlin; Falk Verlag, Ostfildern, 1. Aufl. 2004, S. 10 u. 31; S. 59: Peter Bichsel: San Salvador (1964). Aus: Peter Bichsel, Eigentlich möchte Frau Blum den Milchmann kennen lernen. 21 Geschichten, © Suhrkamp Verlag Frankfurt am Main 1993; S. 64: Sachliche Romanze. Erschienen in: Erich Kästner: Lärm im Spiegel ©Atrium Verlag Zürich 1929 und Thomas Kästner.; S.67-69: in: www.bundesregierung.de (25.01.2005). Herausgeber: Presse- und Informationsamt der Bundesregierung, 10117 Berlin; S.76: Günther Ozdyk: Geiz ist geil! (2004); S. 81: Der ständige Begleiter: dpa, 14.01.2004; S. 82: Handys besser nicht zu oft benutzen; nach: Lüdenscheider Nachrichten, 16.1.2004; S. 97: Freispruch für einen Hitlergruß – Ein Skandalurteil, WAZ vom 02.02.2005; S. 98: nach: Thomas Winkler; in: www.fluter.de, 2005; S.115: Das letzte Kapitel. Erschienen in: Erich Kästner: Ein Mann gibt Auskunft © Atrium Verlag Zürich 1930 und Thomas Kästner
Bildquellen: S. 6: Archiv des staatlichen Museums Auschwitz-Birkenau, Oswiecim; S. 69: Sven Simon, picture-alliance, Frankfurt/M.; S. 72: Chevrolet Deutschland GmbH, Bremen; S. 75: Schwartauer Werke GmbH&Co. KGaA; Bad Schwartau

Es ist leider nicht in allen Fällen gelungen, die Rechteinhaber ausfindig zu machen und um Abdruckgenehmigung zu bitten. Ansprüche der Rechteinhaber werden selbstverständlich im Rahmen der üblichen Konditionen abgegolten.

www.tandem-verlag.de

Genehmigte Sonderausgabe für Tandem Verlag GmbH, Birkenstraße 10, D-14469 Potsdam

Umschlaggestaltung: Marlies Müller, Potsdam
Umschlagabbildung: Fotosearch
Illustrationen: Dietmar Griese, Laatzen
Layout: Janssen Kahlert Design & Kommunikation, Hannover
Satz und Lithos: KCS GmbH, Buchholz/Hamburg

Gesamtherstellung: Tandem Verlag GmbH, Potsdam

ISBN 978-3-8331-**9840**-3

INHALT

Vorwort 4
Einstiegstest: Was kann ich schon? 6

Kapitel 1: Rechtschreibung und Zeichensetzung
Das musst du wissen 9
Groß- und Kleinschreibung 11
Richtig getrennt und zusammenschreiben 14
s, ss und ß 17
das und *dass* unterscheiden 19
Fremdwörter richtig schreiben 21
Satzzeichen setzen 22
Einstellungstest: Fehler finden und korrigieren 26
Texte überarbeiten – Übungsstrategien entwickeln 27
Das kannst du jetzt 29
Test: Das muss ich jetzt wissen 30

Kapitel 2: Sprache und Grammatik
Das musst du wissen 32
Wortarten allgemein 33
Verb: Zeitformen und Zeitstufen 34
Konjunktiv II: Wünsche und Vorstellungen 35
Indirekte Rede: Konjunktiv I 36
Verb: Aktiv und Passiv 38
Adjektiv (Eigenschaftswort) 40
Satzverknüpfungswörter – Konjunktion (Bindewort) und Adverb (Umstandswort) 41
Präposition (Verhältniswort) 43
Satzglieder und Satzgliedbestimmung 44
Satzgefüge (Hypotaxe) 46
Attribute (Beifügungen) 47
Die Proben: Umstellen, Ersetzen, Weglassen 48
Sprachvarianten 49
Kommunikation und Verständigung 50
Das kannst du jetzt 51
Test: Das muss ich jetzt wissen 53

Kapitel 3: Aufsätze und Standardtexte
Das musst du wissen 56
Analyse einer Kurzgeschichte 58
Analyse eines Gedichtes 63
Analyse einer Rede 67
Analyse einer Werbeanzeige 71
Einen Standpunkt vertreten 76
Ein Thema erörtern 79
Filmkritik 84
Protokolle (Verlaufs- und Ergebnisprotokoll) 86
Sich bewerben (Lebenslauf und Bewerbungsschreiben) 90
Das kannst du jetzt 94
Test: Das muss ich jetzt wissen 96

Abschlusstest: Was habe ich gelernt? 100

Anhang
Hilfen und Übersichten, Glossar 104
Lösungen 110

Vorwort

Dieses Buch hilft mit einer Fülle von Übungen aus den Bereichen **Rechtschreibung und Zeichensetzung**, **Sprache und Grammatik** sowie **Aufsätze und Standardtexte**, den Unterrichtsstoff der Jahrgangsstufen 7–10 zu erklären und zu wiederholen, um optimal auf **Parallelarbeiten**, **Abschlussprüfungen** und den **Übergang in die weiterführende Schule** vorzubereiten. Vorhandenes Wissen wird immer zunächst getestet, wiederholt und aufgefrischt, neues auf clevere und witzige Art vermittelt. Dabei kann der Schüler zu jeder Zeit eigenständig arbeiten und kann anhand anderer Schülerbeispiele eine Rückmeldung über seinen eigenen Kenntnisstand erhalten.

Dieses Buch bietet:

- Einstiegstest zum Aufdecken von Fehlerschwerpunkten und Lücken
- Motivierende und abwechslungsreiche Übungen zu den Bereichen
  - Rechtschreibung und Zeichensetzung
  - Sprache und Grammatik
  - Aufsätze und Standardtexte
- Zusammenfassung des bereits Gelernten unter der Rubrik **Das musst du wissen** und Zusammenfassung der in diesem Übungsbuch behandelten Themen unter **Das kannst du jetzt**; diese letzte Kategorie wird immer auch mit einem Zwischentest kontrolliert
- Tipps zu Lernmethoden, zur Weiterarbeit, Anregungen zum kreativen Arbeiten
- Hilfen und Übersichten im Anhang
- Lösungen zur Selbstkontrolle
- Abschlusstest zur Überprüfung des Lernerfolgs

Liebe Schülerin, lieber Schüler,

dieses Buch soll dir helfen, deine Kenntnisse und Fähigkeiten im Fach Deutsch richtig einzuordnen und das zu trainieren, was du noch nicht sicher genug beherrschst.
Lege dir eine **Kladde** oder ein **Heft** bereit, damit du längere Texte, Wörterlisten oder wichtige Regeln aufschreiben und Zusatzaufgaben bearbeiten kannst.
Bevor du mit dem Training beginnst, solltest du den **Einstiegstest** lösen und auswerten. Er enthält Aufgaben zu den Bereichen, die ihr in den letzten Jahren im Deutschunterricht thematisiert habt. Überprüfe deine Lösungen mit dem Lösungsteil auf S. 110.

Ob die Mühe, die du dir gemacht hast, auch Erfolg hatte, verrät dir der **Abschlusstest**. Du findest ihn auf den Seiten 100–103. Du kannst ihn entweder im Anschluss an jedes einzelne Kapitel oder nach der Bearbeitung des gesamten Übungsbuches in Angriff nehmen. Die Lösungen dazu findest du auf Seite 132.
Wer wirklich regelmäßig konzentriert und systematisch übt, kann eine Leistungssteigerung erzielen, und er fühlt sich in vielen Bereichen einfach sicherer. Deshalb kannst du gewiss sein: Du wirst mithilfe dieses Buches im Fach Deutsch besser werden.

Viel Freude an deiner eigenen Leistung und viel Erfolg beim Abschlusstest!

TIPP

Im Tipp findest du Regeln und Merksätze verständlich formuliert. Der Tipp enthält außerdem Hilfestellungen zum Lösen der Aufgaben und viele Beispiele.

ÜBUNGSTIPP

Im Übungstipp wird dir erklärt, wie du dir das Lernen erleichtern kannst. Du erhältst zudem Anregungen zum weiterführenden Arbeiten.

ACHTUNG

Hier bekommst du Hilfen für knifflige Fälle und Ausnahmen, um Fehler zu vermeiden. Manchmal wird auch erläutert, worauf du besonders achten musst.

Das kannst du jetzt

Am Ende der Kapitel wird in einer Zusammenfassung noch einmal das Wesentliche erklärt.

Aufgaben mit diesem Zeichen musst du in einem Heft oder auf einem Extrablatt lösen.

EINSTIEGSTEST

Fit sein für den Abschluss nach Klasse 10

Mit diesem Buch kannst du dich optimal auf deinen Abschluss am Ende der Klasse 10 oder auf Einstellungstests in Firmen und Betrieben vorbereiten. Ganz einfach ist das nicht, und ohne Arbeit geht es auch nicht. Deshalb wirst du mithilfe der einzelnen Kapitel in kleinen Schritten an Inhalte herangeführt, kannst Gelerntes wiederholen und Schwerpunkte vertiefen. So kannst du Wissenslücken ausgleichen.
Am besten beginnst du mit dem nachfolgenden Einstiegstest. Er soll dir die Frage beantworten helfen: Was kann ich schon?
Wenn du fertig bist, vergleiche alles mit den Lösungen auf den Seiten 110. Entscheide dann, welche Bereiche du noch üben musst und mit welchem Kapitel du anfangen willst.
Viel Erfolg!

Einstiegstest: Was kann ich schon?

1. *Welche Schreibweise ist richtig? Streiche die falsche Variante durch.*

Letzte Woche wollten wir in unserer Klasse ein interessantes/intereßantes Theaterstück proben, um es dann beim Schulfest der versammelten Elternschaft vorzuspielen/vor zu spielen. Das Stück hieß/ss „Frankenstein operiert wieder/wider" und kam uns beim gemeinsamen lesen/Lesen und erschließen/Erschließen sehr lustig vor. Bei den Vorbereitungen kamen wir aber ins Grübeln/grübeln: Wir wussten/wußten nicht, woher wir „echtes" Blut nehmen sollten. Anfangs experimentierten wir mit Ketchup/Ketchub, merkten aber bald, dass/das/daß dieses Rot/rot zu unecht wirkte und eher wie Erdbeermus/Erdbeermuss aussah. Auch die Tomatensoße/Tomatensauce aus Mutters Kühlschrank löste bei uns keine Begeisterungsstürme aus. So richtig ließ/lies uns das Problem nicht vorankommen/voran kommen. So fassten/faßten wir den Entschluss, unsere Klassenkasse zu plündern und in einem Fachgeschäft, das/dass an der Ecke war, in Theaterblut zu inwestieren/investieren. Das sah superecht/super echt aus. Das Fläschchen kostete nicht allzu/all zu viel und so konnten wir uns von dem restlichen Geld noch eine grässliche Frankenstein-Maske aus Plastik/Plastick kaufen. Zum aufsetzen/Aufsetzen der Maske blieb leider keine Zeit mehr. Aber was sollte denn jetzt noch schief gehen/schiefgehen?

2. *In diesem Text fehlen sämtliche Satzzeichen (Satzschlusszeichen und Kommas). Ergänze sie. Korrigiere auch die Satzanfänge.*

Familie-ärgere-dich-nicht

Jeden Samstag wenn es regnet spielt unsere Familie Mensch-ärgere-dich-nicht Vater räumt dafür und das macht er stets akribisch extra den hölzernen Esstisch der eine riesig große Platte hat leer danach holt er das flache quadratische mittlerweile zerschlissene Spielbrett heraus auf dem er die Figuren aufbaut das wirkt wie ein Ritual ohne das er sonntags nicht auszukommen scheint diesmal startete meine Mutter ohne mit der Wimper zu zucken nach zwei Runden mit einer Sechs da passierte gleich das erste Malheur denn mein Bruder Klaus den ich häufig nur „Körper-Klaus" nenne weil er so tollpatschig ist riss eine der Saftflaschen um die ich gegen den Durst bereitgestellt hatte weil er seiner Enttäuschung Luft machen wollte Schweinerei schrie mein Vater als meine Mutter in der nächsten Runde gleich fünfmal hintereinander eine Sechs würfelte vor Mutter hatte Klaus gewürfelt aber das Glück das er sowieso nicht gepachtet hatte war ihm auch diesmal nicht hold und so schmiss Mum drei seiner mühevoll ins Spiel gebrachten hölzernen Figuren raus so ging das die ganze Zeit weiter Klaus hoffte Vater bangte Mutter siegte Mutter uns nicht aus den Augen lassend zeigte dass sie sich über ihre Glückssträhne freute na ja wir sollten das Spiel wohl eher umtaufen in Familie-ärgere-dich-nicht

3. *Bilde die Verbformen.*

1. Pers. Singular, Indikativ Präteritum von „denken“

3. Pers. Singular, Konjunktiv I von „schwimmen“

2. Pers. Plural, Indikativ Plusquamperfekt von „dürfen“

1. Pers. Plural, Indikativ Futur I von „haben“

2. Pers. Singular, Konjunktiv II von „sein“

3. Pers. Singular, Indikativ Perfekt von „müssen“

4. *Setze die folgenden Sätze ins Passiv:*

a) Ich gieße die Blumen.

b) Die Messe zeigt diesmal kaum sensationelle Neuerungen.

c) Ich habe es speziell für dich ausgesucht.

d) Die Veranstalter planen diesen Lauf traditionell zu Silvester.

e) Das Hochzeitspaar gab gestern offiziell den Termin der Trauung bekannt.

5. *Benenne die unterstrichenen Wortarten.*

Als Monsieur Mathieu auf seiner dritten Vernissage im Ausstellungsraum des Ateliers seine neue Bilderserie vorstellte, traten ihm die Kunstkritiker mit einiger Skepsis entgegen. Einige meinten, die Bilder seien eine Nuance zu dunkel. Andere hielten seine neuesten Werke für schlichtweg genial. Wieder andere widmeten sich lieber der getrüffelten Gänseleber und dem eisgekühlten Champagner. Doch die Presse berichtete am nächsten Tag über das Event in allen Details und lobte den Künstler infolgedessen als Wegbereiter einer neuen Sichtweise der modernen Malerei.

6. *Bestimme die Satzglieder in diesen Sätzen.*

a) Sie schenkten ihr vor kurzer Zeit Turnschuhe.

____

b) Der Fußballer des Aufsteigers wurde von seinen Managern genau unter die Lupe genommen.

____

c) Der tosende Sturm machte uns Angst.

____

d) Das hättest du aus Pflichtgefühl tun sollen!

____

e) Mutter wird die Blumen gleich in die Vase stellen.

____

7. *Ergänze diesen Lückentext sinnvoll.*

Wenn man mündlich oder schriftlich erzählen will, ist es wichtig, den Leser oder Hörer zunächst in die Geschichte einzuführen. Dazu kann man auf __________ eingehen. Treffende Verben, Adjektive und wörtliche Rede tragen dazu bei, dass die Erzählung ______ __________ klingt. Mit Erzählungen will der Autor __________.
__________ Texte sollen dagegen informieren. Ereignisse oder Tatsachen werden darin __________ wiedergegeben und in der Regel geben sie Antworten auf die sogenannten __________.
In einer __________ geht es darum, andere mündlich von der eigenen Meinung zu überzeugen. Besonders gut gelingt dies, durch stichhaltige __________, die durch __________ und __________ gestützt werden. Mit ______ __________ Äußerungen kann man nicht überzeugen, sondern eher __________.

Nach der Überprüfung hast du einen ersten Eindruck davon, wie fit du in Rechtschreibung, Zeichensetzung und Grammatik bist und was du über Texte weißt. Du kannst Wissenslücken außerdem auch mithilfe von Klassenarbeiten, Hausaufgaben usw. ermitteln.
Viel Freude und Erfolg bei der Arbeit mit den folgenden Kapiteln.

Das musst du wissen

Rechtschreibstrategien

- **Stammprinzip:** Oftmals ist es möglich, die richtige Schreibung aus verwandten Wörtern zu erschließen. Dabei orientierst du dich am Wortstamm: *ge**fahr**en* → ***fahr**bereit, Ge**fahr** ...; **Numm**er* → ***numm**erieren ...; **Platz*** → ***platz**ieren ...; H**äu**ser* → *H**au**s ...*
- **Wörter verlängern / zweisilbige Form bilden:** Wenn du unsicher bist, wie ein Wort am Ende geschrieben wird, hilft dir die Verlängerungsprobe: *das Ra**d** – die Rä**d**er (Nomen – Plural); du strei**k**st – wir strei**k**en (Verben – Mehrzahl); lusti**g** – das lusti**g**e Buch* (Adjektive – vor ein Nomen setzen). Bei Zusammensetzungen musst du das Wort in seine Bestandteile zerlegen: *Endspiel – En**d**e + Spiel; Diebstahl – Die**b**e + -stahl ...*
- **Bedeutungen untersuchen:** *Wiederwort – Widderwort – Widerwort oder Widerword?* → *wieder* (noch einmal → passt hier nicht); *Widder* (männliches Schaf → passt hier nicht; *wider* (gegen → erscheint sinnvoll); zweisilbige Form → die Worte → also: *Widerwort.*

Groß- und Kleinschreibung

Satzanfänge, Namen und Nomen (Substantive) werden großgeschrieben. Auch Adjektive und Verben können nominalisiert (substantiviert) werden. Viele Nomen kann man an ihren typischen Endungen erkennen: *Anhäuf**ung**, Vergangen**heit**, Unfehlbar**keit**, Erkennt**nis**, Freund**schaft**, Schick**sal**, Zipper**lein**, Find**ling**, Eigen**tum**, Teil**chen**.*

Häufig werden Nomen durch Erkennungswörter angekündigt: **Artikel** *(das Haus)*, **Adjektive** *(das bunte Haus)*, **Pronomen** *(dieses Haus, einige Häuser, ihr Haus)*, **Präposition plus Artikel** *(beim Gehen, zum Essen, im Garten).*

Groß schreibt man außerdem:

- Nomen, die eine Zeit angeben: *am nächsten Dienstag, gestern Nachmittag ...*
- Pronomen der Höflichkeit (Briefe, Bewerbungen): *Sehr geehrte Frau Göhrlich, **Sie** erhalten hiermit eine Antwort auf **Ihr** Schreiben vom ...*
- Adjektive in Namensbezeichnungen: *der **Kölner Dom**, der **Westfälische Friede ...***
- Bezeichnungen für etwas, das es nur einmal gibt: ***Pazifischer Ozean ...***

Klein schreibt man dagegen,

- wenn man das Adjektiv nach einem Nomen einspart, nachdem es vorher genannt wurde: *Die **komplizierten Arbeiten** erledige ich zuerst. Die **leichten** mache ich danach.*
- wenn Herkunftsbezeichnungen auf -isch enden: ***indische** Küche, **friesischer** Tee ...*

Richtig getrennt und zusammenschreiben

Im Normalfall werden Wörter durch Zwischenräume voneinander getrennt.

- Verbindungen von **Verb und Verb** schreibst du in der Regel getrennt: baden gehen.../ Verbindungen mit **bleiben** oder **lassen** können wahlweise getrennt oder zusammengeschrieben werden, wenn die Verbindung im **übertragenen** Sinne verwendet wird: stehen lassen / stehenlassen (= nicht länger beachten)
- Verbindungen von **Adjektiv und Verb** werden zusammengeschrieben, wenn durch die Verbindung eine neue Gesamtbedeutung entsteht: jemanden freisprechen (= jemanden von einer Schuld entbinden)
- **Nomen und Verben** bilden in der Regel eine Wortgruppe und werden getrennt geschrieben: Auto fahren, Ski laufen ...; Rad fahren => ich fahre Rad (geht) / **Nomen** können mit **Verben** untrennbare Zusammensetzungen bilden: brandmarken, nachtwandeln ...; bergsteigen => denn ich steige Berg geht nicht, also zusammen
- Verbindungen aus **Adverb und Verb** schreibt man in der Regel zusammen, wenn hauptsächlich der erste Bestandteil des Wortes betont ist: auseinandersetzen, wiederkommen, niederlegen ...

➢ Wortgruppen mit **sein** schreibst du stets getrennt: ich werde dabei sein, pleite sein ...
➢ Adjektive, die auf **-ig, -isch** oder **-lich** enden, schreibst du getrennt vom Verb oder dem anderen Adjektiv: spöttisch lächeln, winzig klein ...; bei Bedeutungsveränderung schreibst du zusammen: übrigbleiben (= keine andere Wahl haben)

Du schreibst zusammen, wenn der erste Teil eine bedeutungsverstärkende oder -vermindernde Funktion hat: bitterkalt, riesengroß, superschwer ...

Einfacher / doppelter Konsonantbuchstabe

Der betonte Vokal in einer offenen Silbe wird lang gesprochen: ***lo**-ben, **Ma**-de ...* In einer geschlossenen Silbe ist er kurz: ***ras**-ten, **hüp**-fen, **Krat**-zer ...*
Ist der Vokal in der betonten Silbe kurz zu lesen, muss die Silbe also auf einen Konsonantbuchstaben enden. Ist keiner da, setzt du den Konsonantbuchstaben, mit dem die nächste Silbe anfängt, und schließt diese damit: ***Mat**-te, **hof**-fen, **kön**-nen, **Was**-ser ...*
Erst wenn sich die Länge des Vokals verändert, gilt das nicht mehr: ***kommen → kam ...***

S, ss und ß (Sprechprinzip).

Die Schreibung des scharfen s-Lautes richtet sich wie bei der Schreibung anderer Konsonanten nach dem vorangehenden Vokal (lang oder kurz):
nach **kurzem Vokal** steht **ss**: *Me**ss**e, er fri**ss**t ...*; nach **langem Vokal** steht **ß**: *flie**ß**en ...*
Das weiche s schreibst du immer s: *le**s**en, lei**s**e, rei**s**en, Häu**s**er ...*

***Das* und *dass* unterscheiden**

Die **Konjunktion *dass*** zeigt oft einen Gliedsatz an: *Martin meint, **dass** Liz recht hat.*
Das **Relativpronomen *das*** leitet einen Relativsatz ein und bezieht sich auf ein Nomen: *Das ist das Stück Torte, **das** ich mir aufbewahrt habe.* (Ersatzprobe: *welches)*

Satzzeichen setzen

Überall dort, wo eine Sinneinheit aufhört und eine neue beginnt, gehört ein Satzzeichen hin. Alles, was zu einem Verb gehört, bildet eine Sinneinheit. Die Satzschlusszeichen geben die Art des Satzes an **(Punkt – Aussagesatz, Fragezeichen – Fragesatz, Ausrufezeichen – Ausrufesatz)** und richten sich zumeist nach der Mitteilungsabsicht.
Hauptsätze, die man als zusammengehörig kenntlich machen will, trennt man durch Kommas ab: *Die Mädchen hörten Musik, die Jungen bereiteten die Fete vor.*
Bei **Aufzählungen** werden Kommas eingefügt. Das Komma fehlt, wenn die Aufzählungen mit *und* bzw. *oder* verknüpft sind: *Er kam, sah **und** siegte.*
Das Komma zeigt an, **zu welchem Hauptsatz ein Gliedsatz oder ein Relativsatz gehört.**
Achte deshalb auf **Konjunktionen *(als, bevor, damit, dass, falls, indem, nachdem, obwohl, sodass, sobald, weil, wie ...)*** und auf **Relativpronomen *(der, die, das ...):*** *Er ging nach Hause, **obwohl** das Spiel noch nicht zu Ende war. / Es war das Spiel, **das** ihn nervte.*
Wenn der **Nebensatz eingeschoben** wird, trennt man ihn durch Kommas ab: *Das Spiel, **das noch nicht zu Ende war,** verlief wenig glücklich.*
Ergänzungen, die eingeschoben oder nachgestellt werden, nennt man **Appositionen**. Sie enthalten nicht immer ein Verb, bilden aber trotzdem eine Einheit: *Herr Meier, **ein ehemaliger Sportlehrer,** war als Schiedsrichter eingesetzt worden.*
Die Zeichen der **wörtlichen Rede** musst du wie folgt setzen:
Begleitsatz vorangestellt: *Klaus fragte neugierig: „Christian, was machst du heute?“*
Begleitsatz nachgestellt: *„Super! Da komme ich mit!“, begeisterte sich Klaus.*
Begleitsatz eingeschoben: *„Ich werde ins Kino gehen“, antwortete Christian, „um den neuen James Bond anzuschauen.“*

1. *Ergänze in den Lücken die Zeitangaben in der jeweils richtigen Schreibweise.*

Eine misslungene Verabredung

Denise: Weißt du schon, was du _____ (MORGEN?ABEND) machen wirst?

Kai: Am _____ (FREITAG) werde ich wohl bis spät in die _____ (NACHT) vor dem Computer sitzen und an meinem Englisch-Referat arbeiten, das ich _____ (GESTERN) aufgebrummt bekommen habe.

Denise: Und was machst du _____ (SAMSTAG)?

Kai: Am _____ (VORMITTAG) werde ich ausschlafen, _____ (MITTAGS) werde ich wie jeden _____ (SONNABEND) für meine Eltern kochen und _____ (ABENDS) treffe ich mich mit meinen Kumpels. Aber was machst du denn _____ (HEUTE?ABEND)?

Denise: Lass mich mal überlegen ... Ach ja, _____ (DONNERSTAGS?ABENDS) habe ich Handballtraining. Wie ist es mit _____ (SONNTAG?NACHMITTAG)?

Kai: Am _____ (VORMITTAG) haben wir immer unser Familienfrühstück und _____ (SONNTAG?MITTAG) fahren wir zum Geburtstag meiner Tante.

Denise: Dann treffen wir uns eben _____ (NÄCHSTE?WOCHE).

2. *Orientiere dich an den Lösungen aus Aufgabe 1. und ergänze die Regelsätze.*

Nomen, die die Zeit angeben, schreibt man _______.

Verbindungen von Nomen und Nomen, die eine Zeit angeben, schreibt man _______.

Adverbien, die eine Zeit angeben, schreibt man _______.

Bei Verbindungen von Adverb und Nomen, die eine Zeit angeben, schreibt man das Adverb _______ und das Nomen _______.

Verbindungen von Adverb und Adverb, die eine Zeit angeben, schreibt man _______.

ACHTUNG

*Auch **Numerale** (Zahlwörter) können als Nomen gebraucht werden. Dann werden sie meist von einem Erkennungswort begleitet oder sind Teil eines Eigennamens: der Zehnte, der Dritte im Bunde, das Fünffache von 10, die Null, der Dreißigjährige Krieg ...*

TIPP

Erkennungswörter *(Artikel, Adjektive, Pronomen, Präpositionen + Artikel) helfen dir, Nomen richtig zu schreiben:* **der** Garten, **strahlende** Sonne, **dieses** Essen, **beim** Spielen ... *Als Erkennungswörter helfen dir auch Präpositionen* (**ohne** Fehler) *und Numerale* (**zehn** Bücher).

1. *In diesem Text ist einiges schiefgelaufen. Markiere die Wörter, die du eigentlich großschreiben musst und unterstreiche die passenden Erkennungswörter. An manchen Stellen kannst du in Gedanken ein Erkennungswort ergänzen.*

Bewerben im Internet

Immer mehr zusatzqualifikationen und fachwissen werden auf der suche nach arbeit von bewerbern gefordert. Der gang zum arbeitsamt und das studieren der tageszeitung reichen oft nicht mehr aus. Das bewerben im internet spart nicht nur zeit und geld, sondern beweist auch kenntnis des bewerbers in sachen internet. Am besten sucht man auch in jobbörsen nach passenden angeboten. Zu den jobbörsen führen suchmaschinen, zum beispiel www.google.de. Viele jobs und ausbildungsstellen werden auch von den meisten tageszeitungen im internet angeboten. Hat man eine stelle gefunden, nimmt der bewerber den ersten kontakt zu dem unternehmen auf, am besten über e-mail oder telefon. Die kontaktaufnahme sollte, wie die schriftliche bewerbung auch, gut strukturiert, ein realistisches bild der persönlichen fähigkeiten und kein griff nach den sternen sein, sondern kurz und sachlich auf den punkt kommen. Trotz aller guten tipps gilt jedoch für das bewerben im internet die devise „learning by doing". Je mehr jeder bewerber ausprobiert, desto höher steigt seine chance auf eine positive antwort.

TIPP

*Neben **Verben** und **Adjektiven** können Wörter anderer Wortarten zu Nomen werden:*
Adverbien: Sie denken nur ans **Hier** und **Heute**.
Konjunktionen: Man soll nicht zu oft das **Wenn** und **Aber** bedenken.
Numerale: Kevin hat eine **Fünf** geschrieben.
Präpositionen: Seine schulische Leistung war ein dauerndes **Auf** und **Ab**.
Pronomen: Sie stehen vor dem **Nichts**.

2. *Welche Schreibweise ist die richtige? Streiche die falsche Variante durch und unterstreiche die Erkennungswörter, wenn möglich.*

a) Gestern lief mein Vater im Zimmer ständig hin und her / Hin und Her.
b) Er tat das, weil ich beim bewerben / Bewerben nur Absagen bekommen hatte.
c) Aber dieses ständige hin und her / Hin und Her nervte mich gewaltig.
d) Sein dauerndes wenn und aber / Wenn und Aber verzögerte unser Gespräch.
e) Dabei gingen die beiden / Beiden mit mir durch dick und dünn / Dick und Dünn.
f) Er lief immer wieder vor und zurück / Vor und zurück.
g) Beim vor und zurück / Vor und Zurück merkte er gar nicht, dass ich wartete.
h) Auch meine Mutter rannte aufgeregt rein und raus / Rein und raus.
i) Dann platzte mir bei dem ewigen rein und raus / Rein und Raus der Kragen.
j) „Ich will hier nicht den kürzeren / Kürzeren ziehen und vor dem aus / Aus stehen", brüllte ich die beiden an. Dann setzten sie sich, und das Gespräch begann.

ACHTUNG

Es gibt einige feste Wendungen, die aus Präposition und Adjektiv bestehen, die du kleinschreibst: in bar, von nah, von früh auf, auf ewig, über kurz oder lang, schwarz auf weiß ... - diese Adjektive sind nicht dekliniert.
Kommen sie aber in deklinierter Form vor, kannst du sie sowohl groß-, als auch kleinschreiben: vor kurzem / vor Kurzem, seit langem / seit Langem, ohne weiteres / ohne Weiteres...

1. *Welche Ausdrücke schreibst du klein, welche groß? Ordne die Wörter in die Tabelle.*

ETWAS BESONDERES, BEIM SUCHEN, VON FRÜH BIS SPÄT, IM FOLGENDEN, DER NÄCHSTE, DIE BEIDEN, ZUM NACHDENKEN, DAS WENIGSTE, DURCH DICK UND DÜNN, DAS DRUM UND DRAN, INS GRÜNE, SEIT GESTERN, MITTWOCHS ABENDS, BEI WEITEM, VON FERN, ETWAS INTERESSANTES, IM VORAUS, DES WEITEREN, DAS NEUSTE, ETWAS ANDERES

Großschreibung	Kleinschreibung	Groß- oder Kleinschreibung
des Weiteren		bei weitem / bei Weitem

2. *Hier noch eine Nuss zum Knacken: Schreibe den Text in der richtigen Groß- und Kleinschreibung ab. Setze vorher Trennstriche zwischen die einzelnen Wörter.*

Zweifel
derheutigerednerwareinesieundkeiner. alssieausführte, vordemgesetzgäbeeskeinobenund keinunten, warenbeidenZuhörerneinskeptischesohundeinabfälligesahzuvernehmen. dierednerinbliebjedochohnewennundaberbeiihrerposition, auchalsjemandstörenddazwischenrief. siemeinte, mankönnezwarimallgemeinendasfürundwiderallerstandpunkteerörtern. indiesemfalleseiaberauchnachvielemhinundherindergeschichtedieses rechtsprinzipeindeutigverwirklichtworden.

Zweifel
Der heutige Redner war

1. *Fülle die Lücken im Text mit den Wörtern aus den Klammern (vgl. S. 9 und 10).*

Die verflixten Hausaufgaben

Liz war heute extra zu Hause geblieben, um den (riesig?groß) ________ Berg von Hausaufgaben zu erledigen und ihrem Vater zu zeigen, dass sie die Schule jetzt wirklich (ernst?nehmen) ________ wollte. Draußen war es sowieso (nass?kalt) ________, sodass ihr das Arbeiten nicht besonders (schwer?fallen) ________ würde. Erst hatte sie überlegt, sich (krank?melden) ________, doch das wäre sicherlich (schief?gehen) ________. Also nahm sie sich vor, ihre Aufgaben diesmal besonders (gut?machen) ________, und machte sich daran, die (winzig?klein) ________ Buchstaben des Textes zu entziffern und den Lückentext auszufüllen. Wurde das Wort nun (klein?schreiben) ________ oder vielleicht groß? Wurde dieses Wort (zusammen?schreiben) ________ oder getrennt? Um nicht einfach nur die Zeit (tot?schlagen) ________ und endlich mal etwas (voll?enden) ________ zu können, wollte sie erst einmal die Matheaufgaben (fertig?stellen) ________. Das klappte auch. Mit ihrem kleinen, (blau?grauen) ________ Taschenrechner als Hilfe konnte wirklich nichts (schief?gehen) ________. Plötzlich hörte sie hinter sich Geräusche: „Na, wie (voran?kommen) ________ du ________?“ Es war ihr Vater. Ob das wohl (gut?geht) ________? „Hey, bist du (taub?stumm) ________?“, fragte er Liz (tot?ernst) ________, als sie nicht antwortete. „Mathe hab ich ja schon fertig, aber Deutsch fällt mir schwer. Das darfst du mir nicht (übel?nehmen) ________!“, antwortete sie (klein?laut) ________. „Ach, warum denn? Das können wir doch auch (zusammen?machen) ________. Ich bereite schnell einen Kakao vor, und dann setzen wir uns gemeinsam hin!" Liz seufzte – auf diese Weise konnte man es sich doch auch mit Hausaufgaben so richtig (gut?gehen) ________ lassen …

2. *Unterstreiche Wörter, die du getrennt schreibst, rot, und solche, die du zusammenschreibst, blau. Formuliere mit diesen Wörtern eigene Sätze (Zettel).*

hoch?klettern, liegen?lassen, Rad?fahren, Computer?spielen, lästig?finden, Zeit?verlieren, Maß?halten, schwarz?ärgern, stecken?bleiben, Lust?haben, ruhig?bleiben, bange?sein, schlaf?wandeln, aufwärts?gehen, übrig?bleiben, wach?rütteln, grün?ärgern, dunkel?rot, auseinander?gehen, schluss?folgern, brust?schwimmen, rückwärts?fahren, dicht?gedrängt, durcheinander?reden, tief?erschüttern, taub?stellen, stein?reich, spazieren?gehen.

TIPP

Manchmal wird allein durch die Schreibweise das Verständnis deutlich:
Bei einem Referat sollte man möglichst **frei sprechen**. → *Schreibst du diese Wörter getrennt, so drückst du aus, dass der Referent spricht, ohne abzulesen. Das heißt, du schreibst getrennt, wenn beide Wörter ihre ursprüngliche Bedeutung behalten.*
Der Richter will den Angeklagten **freisprechen**. → *Schreibst du diese Wörter zusammen, so drückst du aus, dass dem Angeklagten keine Schuld gegeben wird. Das heißt, du schreibst zusammen, wenn die Zusammensetzung eine andere Bedeutung erhält.*

1. *Getrennt oder zusammen? Ergänze die Lücken in den Sätzen mit der richtigen Schreibweise. Überlege, welche Regel du jeweils anwenden musst.*

Christian will seine Vokabeln (auswendig?lernen) ___.

Das kann Katrin wirklich nie wieder (gut?machen) ___.

Vor der nächsten Klassenarbeit sollte ich den Stoff wirklich gründlich (wieder?holen) ___.

Mein Onkel hat endlich zu dem Termin (zu?sagen) ___.

Beim Umzug können wir das Sofa (zusammen?tragen) ___.

Den Kuchen hast du wirklich (gut?machen) ___.

Das hätte ich dir auch (vorher?sagen) ___ können.

Frederik und Ines müssen ständig (aneinander?denken) ___.

Auf dem Jahrmarkt gibt es eine Frau, die (wahr?sagen) ___ kann.

Natürlich wird das Leben (weiter?gehen) ___.

Du musst dich jetzt wirklich mal (zusammen?reißen) ___.

Ich habe heute von der 2. bis 4. und von der 6. bis 8. Stunde Unterricht, (dazwischen?fahren) ___ ich zu meiner Großmutter.

St. Pauli hat einen verdienten Sieg (davon?getragen) ___.

2. *Wörter, die du zusammenschreiben musst, erhalten eine andere Bedeutung. Finde für die Wörter rechts jeweils Synonyme.*

gutheißen → akzeptieren, befürworten, begrüßen, billigen

teilnehmen →

wahrsagen →

totschweigen →

bloßstellen →

daliegen →

nachfragen →

ACHTUNG

Manchmal bleibt es dem Schreiber überlassen, ob er Wortbestandteile als Zusammensetzung (Zusammenschreibung) oder als Wortgruppe (Getrenntschreibung) auffasst:

anstelle *oder* an Stelle
aufseiten *oder* auf Seiten
zugrunde gehen *oder* zu Grunde gehen
aufgrund *oder* auf Grund
sodass *oder* so dass
zugunsten *oder* zu Gunsten

Präge dir ein:
so viel (als Konjunktion: soviel), so viele, wie viel, wie viele, zu viel, zu wenig, irgendetwas, irgendjemand, irgendwer, irgendwann, anhand, stattdessen, zuliebe, infolge, inmitten, zuallerletzt, ohne dass, statt dass, außer dass, gar nicht, gar kein …

1. *Markiere die 18 Fehler in diesem Text. Schreibe den Text richtig ab.*

Mein Freund ist manchmal so eng stirnig, dass man keines wegs mit ihm reden kann. Mitunter ist mir sein Verhalten dann ein wenig zu groß spurig. Infolge dessen wirkt er zeit weilig auch wie weg getreten. Auf bestimmte Vorfälle reagiert er irgend wann nur noch kalt schnäuzig. Das kann man ihm dann richtig übelnehmen, zum Beispiel wenn er beim Fern sehen nicht durch die Kanäle zappen darf. Dann guckt er richtig sauer töpfisch. Auch bei einer Familienfeier kriegt er meist irgendwann einen Koller. Statt sitzenzubleiben, wenn alle miteinanderreden, steht er zu meist auf, um ab zu hauen. Aber wenn es wirklich daraufankommt, wenn ich mich richtig auf ihn verlassen muss, dann schaut er meistens gut mütig drein und steht hinter mir. Deshalb mach ich mir garkeine Sorgen.

TIPP

seit dem – seitdem, so bald – sobald, nach dem – nachdem …
Wenn beide Wörter am Beginn und die konjugierte Verbform am Endes eines Satzes stehen, bilden sie zusammen eine Konjunktion und werden zusammengeschrieben: **Seitdem** ich Max kenne, hat er das noch nie getan. *In allen anderen Fällen werden solche Wörter getrennt geschrieben:* **Seit dem** Abschlussfest des letzten Jahrgangs kenne ich Max.

2. *Entscheide in diesem Text, wie die Wörter in den Klammern geschrieben werden.*

„(So?bald) ________ sieht mich hier keiner mehr!“ – „(So?weit) ________ ich diese Disco kenne, herrscht doch hier jedes Mal gute Stimmung.“ – „Ja, aber ich staune über die vielen Veränderungen, die es gibt, (seit?dem) ________ ich das letzte Mal hier war.“ – „(Seit?dem) ________ 3. September gibt es hier zweimal wöchentlich Chillen und Abtanzen für Teenies, das finde ich klasse.“ – „Blöd ist aber, dass dann kein Bus mehr fährt, (nach?dem) ________ hier Schluss ist. (So?bald) ________ komme ich nicht wieder her.“ „Ich war schon (so?oft) ________ hier!“ „Wenn es nicht (so?weit) ________ wäre, würde ich auch häufiger kommen.“

TIPP

Wenn die erste betonte Silbe eines Wortes einen langen Vokal oder au, äu, eu, ei, ai enthält, also offen ist, wendest du diese Regeln an:

- *Beginnt die folgende Silbe mit stimmhaftem s (weich), wird s geschrieben:* Ra-**s**en, Häu-**s**er, le-**s**en, sau-**s**en …
- *Beginnt die folgende Silbe mit stimmlosem s (scharf, zischend), wird ß geschrieben:* Ma-**ß**e, hei-**ß**en, drau-**ß**en, sto-**ß**en …

Alle anderen Wortformen dieser Wörter behalten das s bzw. das ß bei:
le-**s**en, er lie**s**t, er la**s** … / Häu-**s**er, das Hau**s**, häu**s**lich, Häu**s**lichkeit …
hei-**ß**en, er hei**ß**t, er hie**ß** … / Ma-**ß**e, das Ma**ß**, ma**ß**voll, Mä**ß**igkeit …
Bei zweisilbigen Wörtern, bei denen st im Wortstamm selbst vorkommt, schreibst du immer s – gleichgültig, ob der Vokal kurz oder lang ist:
das Ge-**s**tein, ge-**s**tolpert, der Hu**s**-ten, der La**s**-ter …
Wörter mit den Endungen -nis, -is, -as, -os und -us werden mit s geschrieben.

1. *Setze s oder ß ein. Bilde, wenn nötig, eine zweisilbige Form.*

barfu __ // der Ra __ en // lei __ e // ra __ ten // konfu __ // der Applau __ // der Kie __
gie __ en // der Atla __ // au __ erdem // der Grie __ // der Kürbi __ // er stie __
das Gefä __ // der Hinwei __ // hu __ ten // der Erlö __ // wei __ // der Schmau __
das Hau __ // das Rhinozero __ // ro __ ten // sie sau __ te // das We __ en // flei __ ig
ko __ ten // das Geheimni __ // genie __ en // das Gefä __ // der Bewei __ // der Ha __ e
der blo __ e Fu __ // er blie __ // der Gru __ // das Verlie __ // das Ma __ // der Globu __ //
lei __ ten // der Bu __ // er stie __ // der Rie __ e // die Finsterni __ // die So __ e //
das Zeugni __ // der Flei __ // die Anana __ // drau __ en // die sü __ e Koko __ makrone //
der Sto __ // die Va __ e // die Fa __ tenzeit // sie hei __ t // der Kroku __ // unge __ tört //
das Versäumni __ // tau __ end // die Fruchthül __ e // der Spie __ // der Firni __ //
der Atla __ // mei __ tens // die In __ el // die gro __ e La __ t // der Mi __ t // die Ma __ ern
ba __ teln // die Wie __ en // das Gemü __ e // eine rie __ ige Na __ e // ha __ ten

2. *Setze s, ss oder ß ein. Bilde, wenn nötig, eine zweisilbige Form.*

Nomen est Omen

Wie un __ er, gro __ gewachsener Nachbar hie __ , wu __ ten wir lange Zeit nicht. Er war recht höflich und grü __ te immer zuerst. Au __ erdem war er spa __ ig und wollte immer die neue __ ten Witze wi __ en. Sehr selbstbewu __ t kam er uns jedoch nicht vor. Neulich hat er den Schlü __ el innen im Schlo __ seiner Terra __ enwohnung stecken la __ en. Er konnte sein Pech nicht fa __ en und war über alle Ma __ en verärgert. Auf Nachfragen reagierte er zunächst recht verschlo __ en. Vollends gela __ en wurde er erst, als er sich bei uns bei einer Ta __ e Tee entspannte. „Übrigens, mein Name ist Schu __ lich.“ Nomen est Omen.

ACHTUNG

Wenn du unsicher bist, verlängere das Wort, sodass es zweisilbig wird:
Hau? → Häu-**s**er, Gra? → Grä-**s**er, hei? → hei-**ß**e Luft ...
Überprüfe, ob der Vokal in der verlängerten Form lang ist und ob der s-Laut stimmhaft oder stimmlos ist.

1. *Bilde jeweils die fehlenden Formen zu diesen Verben. Entscheide, ob du den s-Laut verändern musst oder nicht.*

Infinitiv	Präsens, Präteritum und Perfekt
beißen	er beißt, er biss, er hat gebissen
messen	
verschließen	
	es fließt,
hassen	
reißen	
	er fasst,
gießen	
	er frisst,
verlassen	
	er weiß,

2. *Entscheide, welchen s-Laut du jeweils einsetzen musst (Wortfamilie).*

- flie___en, er flo___, geflo___en, flü___ig, Flu___, flie___end, Flie___papier, Flie___band
- hei___en, er hie___, Hei___luft, gehei___en
- bei___en, sie bi___, gebi___en, Bi___, Bi___en, bi___chen
- schlie___en, er schlo___, geschlo___en, Schlie___fach, Schlie___muskel, Verschlu___
- sto___en, er stö___t, Ansto___, Sto___dämpfer, sto___sicher, sto___weise, Sto___verkehr

TIPP

Wenn die erste betonte Silbe eines Wortes einen **kurzen Vokal** *enthält bzw. der stimmlose s-Laut (scharf, zischend) zwischen zwei kurzen Vokalen steht, ist die erste Silbe geschlossen. Deshalb schreibst du ss:* fa**s**-**s**en, kü**s**-**s**en ...
In allen anderen Wortformen dieser Wörter schreibst du ss: fa**s**-**s**en, er fa**ss**t, das Fa**ss** ...
Tritt in der verwandten Wortform ein langer Vokal auf, ist also die Silbe offen, schreibst du ß: wi**s**-**s**en, ich wu**ss**te → *aber:* ich wei**ß**.

TIPP

Das ***Relativpronomen*** **das** *leitet Relativsätze ein und bezieht sich auf ein Nomen im Hauptsatz:* Dieser Rucksack gehört **dem Mädchen, das** ich gestern kennengelernt habe.
Der Relativsatz kann auch von einem paarigen Komma eingeschlossen werden:
Das Mädchen, das ich gestern kennengelernt habe, hat seinen Rucksack vergessen.
Das Treffen, auf **das** ich mich freue, findet am Donnerstag statt.

Mit der ***Konjunktion*** **dass** *wird meistens ein Gliedsatz eingeleitet, sie bezieht sich häufig auf ein vorausgehendes Verb:* Es ärgert mich, **dass** ich morgen nicht am Sportfest teilnehmen kann. / **Dass** ich morgen nicht am Sportfest teilnehmen kann, ärgert mich.

1. *Schreibe die folgenden Sätze auf einen Zettel und verbinde sie mit* das *oder* dass. *Achtung: Komma nicht vergessen!*

a) Martin freute sich furchtbar. Es schneite endlich.
b) Er dachte kaum darüber nach. Den Autofahrern bereitete der plötzliche Wetterumschwung ziemliche Probleme.
c) Das sichere Fahren im Auto war ohne Winterreifen unmöglich. Das Fahren war bei diesem Schneefall ein hohes Risiko.
d) Dennoch saß Martin am Fenster und amüsierte sich. Viele Verkehrsteilnehmer schlitterten wie auf einer Skipiste.
e) Eine Frau rutschte auf ihren glatten Sohlen aus und fiel hin. Er lachte darüber.
f) Einige Hunde sprangen durch das Schneetreiben. Dieses wurde immer dichter.
g) Langsam wurde ihm etwas klar. Die Schule würde heute nicht pünktlich beginnen.
h) Außerdem dachte er an sein Handballtraining. Das würde sicherlich bei diesem Wetter gar nicht stattfinden.
i) So ein Wetter hatte eben seine guten und seine schlechten Seiten. Das Wetter brachte den Tagesablauf durcheinander.

2. *Ergänze in den Lücken das Relativpronomen* das *oder die Konjunktion* dass. *Unterstreiche das Bezugswort.*

Beim Snowboardfahren, ______ sich auch in der Schule immer größerer Beliebtheit erfreut, sollte warme, luftdurchlässige Kleidung getragen werden. Somit wird sichergestellt, ______ ein Überhitzen bzw. Auskühlen des Körpers vermieden wird. Das Tragen von Handschuhen, ______ zur Sicherheit beiträgt, ist Pflicht. Empfohlen wird, ______ Helme getragen werden. Es sollte auch darauf geachtet werden, ______ geeignete Sonnenbrillen eingesetzt werden. Zudem ist es erforderlich, ______ Sonnenschutzmittel benutzt werden.

TIPP

- *Dass-Sätze stehen oft nach Verben wie* wissen, meinen, sagen, behaupten, lesen, vermuten, denken, sich freuen, bedauern, hoffen, verstehen usw.
- *Wenn du unsicher bist, ob du* **das** *oder* **dass** *einsetzen musst, führe die* ***Ersatzprobe*** *mit* **dieses** *oder* **welches** *durch.*

TIPP

*Die **Konjunktion dass** (K) wird häufig mit dem **Demonstrativpronomen das** (D) verwechselt. Dabei bezieht sich das Demonstrativpronomen auf den Satz, der vorangeht:*
Wir haben den Urwald besucht, das (D) war unheimlich aufregend.
Die Konjunktion leitet dagegen den Gliedsatz ein:
Das (D) ist klasse, dass (K) du das nächste Mal mit uns kommen wirst.
Das *kann auch ein **Artikel** (A) sein, ein Begleiter des Nomens:*
Das (A) Stück Weg im Urwald war sehr anstrengend.

1. *Setze* das *oder* dass *in die Lücken ein und ordne in den Klammern zu, ob es sich um ein Relativpronomen (R), eine Konjunktion (K), einen Artikel (A) oder ein Demonstrativpronomen (D) handelt. Ergänze auch Kommas. Achtung: Einige Relativsätze und Gliedsätze sind eingeschoben.*

Ein Bericht aus dem Urwald

____ ( ) war ein Abenteuer ____ ( ) ich nicht vergessen werde: ____ ( ) Tropengewitter ____ ( ) zwei Stunden angedauert hat ist endlich vorbei. Es ist klar ____ ( ) wir unseren Weg durch den Urwald nun fortsetzen können. Die Luft ist zum Schneiden dick. ____ ( ) war aber vorauszusehen. Schwer fällt uns ____ ( ) Atmen ____ ( ) uns zu Hause keine Probleme bereitet. Immer wieder müssen wir anhalten, ____ ( ) verzögert ____ ( ) Vorankommen. Undurchdringlich erscheint ____ ( ) Unterholz ____ ( ) uns mit armdicken Schlingpflanzen und meterdicken Baumstämmen den Weg versperrt. ____ ( ) Freischlagen des Pfades mit Haumessern gestaltet sich schwierig. Deutlich zu spüren ist ____ ( ) die Beine anschwellen und schwer werden. ____ ( ) ist eine ganz schöne Tortur. Wir schleppen uns so mühsam weiter ____ ( ) der Atem immer schneller geht. Kein Sonnenstrahl dringt durch ____ ( ) Blätterdach ____ ( ) die Bäume bilden. Am Abend rasten wir an einem verlassenen Dorf ____ ( ) halb verfallen ist. ____ ( ) entfachte Feuer tut so gut ____ ( ) die Strapazen weniger schlimm erscheinen. Ich weiß ____ ( ) ich todmüde bin doch der Urwald hält mich wach – ____ ( ) ist noch viel anstrengender, wenn man eigentlich schlafen möchte. Ringsum spielt der tropische Regenwald ____ ( ) Nachtkonzert ____ ( ) tausend Tiere kreischen und pfeifen. Ich muss feststellen ____ ( ) ____ ( ) nächtliche Höllenspektakel einen nicht zur Ruhe kommen lässt. ____ ( ) ist kein Urlaub ____ ( ) ist Abenteuer pur.

TIPP

Etwa jedes vierte Wort hat seinen Ursprung in einer anderen Sprache. Grundsätzlich darfst du Fremdwörter so schreiben, wie sie in ihrer ursprünglichen Sprache geschrieben werden. Bei etlichen Fremdwörtern ist die Schreibweise aber angepasst worden: Photographie/Fotografie, Delphin/Delfin, Ketchup/Ketschup ... *Wenn du dich an den Suffixen (Endungen) orientierst, kannst du Fehler vermeiden, denn die werden meistens gleich geschrieben:* **-ieren, -iv, -age, -eur/eurin, -tion, -ik, -iz, -um, -ine, -ur, -ie, -in ...** *Während Wörter mit* ***ph*** *aus dem Griechischen allmählich eingedeutscht werden, bleiben* ***th*** *und* ***rh*** *in den meisten Fremdwörtern erhalten:* These, Sympathie. Zwei Schreibweisen sind möglich bei Thunfisch (Tunfisch), Panther (Panter), Katarrh (Katarr), Myrrhe (Myrre).

1. *Suche aus einem Wörterbuch jeweils eine weitere Schreibmöglichkeit heraus. Schlage auch die Bedeutung des Wortes und die Herkunftssprache nach.*

Fremdwort	***2. Schreibmöglichkeit***	***Bedeutung***	***Herkunftssprache***
Sauce	Soße	Tunke	französisch
circa			
Shrimps			
Mayonnaise			

2. *Unterstreiche die richtige(n) Schreibweise(n) und streiche die falsche(n) durch.*

Fotografie – Photographie – Fotographie – Photografie
Strofe – Strophe – Strohfe – Strohphe
Diftong – Diphthong – Difthong – Diphtong
Filosophie – Vielosophie – Philosophie – Philosofie
Mehgaphon – Megaphon – Megafon – Megahfon

3. *Versuche, das Fremdwörter-Rätsel zu lösen:*

Denker und Freund der Weisheit:
Bei R. M. Rilke hinter Gitterstäben:
Geschenk der Heiligen Drei Könige:
Das Gefühl dafür sollte man beim Tanzen haben:
Verursacht Schmerzen in den Gelenken:

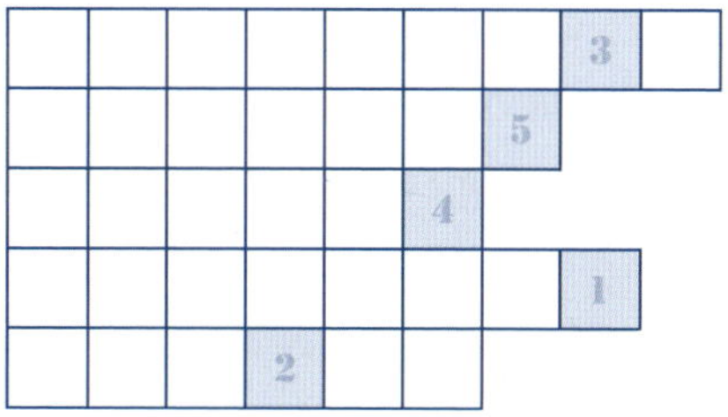

Lösungswort: | 1 | 2 | 3 | 4 | 5 |

ÜBUNGSTIPP

Benutze im Zweifelsfall ein Rechtschreibwörterbuch/Fremdwörterbuch. So kannst du die Bedeutung und die grammatischen Formen nachschlagen. Fremdwörter, die du häufig verwendest, solltest du in einer Wörterliste/auf einer Karteikarte sammeln.

TIPP

Du weißt, dass zu jedem gebeugten Verb ein Satzzeichen gehört. Also überall dort, wo eine Sinneinheit aufhört und eine neue beginnt. Diese Regeln sind dir bekannt:

1. *Wenn Hauptsätze durch Konjunktionen oder durch Kommas verbunden werden, entsteht eine* ***Satzreihe****: HS und HS / HS, HS ...*
2. *Ein* ***Satzgefüge*** *ist die Verbindung von Hauptsatz und Gliedsatz oder von Hauptsatz und Relativsatz. Im Hauptsatz (Aussage-Hauptsatz) ist die Personalform des Verbs das zweite Satzglied. Im Gliedsatz und im Relativsatz steht die Personalform des Verbs an letzter Stelle. Achte auf Konjunktionen* (weil, bis, dass, als, wenn, da, wie *...) und auf Relativpronomen* (der, die, das *...): HS, NS / NS, HS / HS, NS, HS ...*
3. *Vor* **und** *bzw.* **oder** *setzt du kein Komma, außer es folgt nach* und *ein vollständiger Satz. Dann kannst du ein Komma setzen.*
4. *Bei Aufzählungen werden Kommas eingefügt.*
5. *Ergänzungen, die eingeschoben werden, enthalten nicht immer ein Verb, bilden aber trotzdem eine Einheit (Anrede, Ausruf, Datum, Apposition, Betonung, Parenthese).*

1. *Unterstreiche in den Sätzen jeweils die Verbform und markiere mithilfe von Klammern, wo die Sinneinheiten beginnen und aufhören. Setze Satzzeichen.*

2. *Schreibe die Ziffer der Regel (Kasten), die du jeweils angewendet hast, an den Rand.*

Über Massenmedien

[Massenmedien sind allgemein dadurch gekennzeichnet], [dass sie sich an eine Masse richten]. Dies ist ein Publikum das nach Alter Bildungsstand und Anzahl unbestimmt zusammengesetzt ist und nicht an einem Ort versammelt ist Massenmedien sind für jedermann zugänglich wirken nur in eine Richtung und machen eine direkte Kommunikation nicht möglich sie können also nur auf indirektem Wege zur Wirkung kommen nämlich durch technische Hilfsmittel wie Rotationsdruck Funkwellen Sende- und Empfangsgeräte Massenmedien kann man als Transportmittel der indirekten Kommunikation bezeichnen die im Leben der Menschen einen größeren Raum einnimmt als die direkte Kommunikation diese direkte Form findet nur in der Familie mit Freunden und Bekannten oder mit Kollegen am Arbeitsplatz statt wenn wir mit Fremden über Politik über Sportereignisse über den neuesten Film reden merken wir dass fast alle ihr Wissen oft auch ihre Meinung aus den Medien beziehen.

2

ACHTUNG

Gliedsätze *werden* ***mit Konjunktionen eingeleitet*** *(Konjunktionalsätze). Ein Gliedsatz ist zwar ein Satz, zugleich aber ein Satzglied im Hauptsatz. Viele Gliedsätze sind adverbiale Bestimmungen, die durch Konjunktionen* (wenn, weil, solange, obwohl ...) *eingeleitet werden. Sie können vorangestellt, nachgestellt oder eingeschoben werden.*

1. *Markiere in diesen Sätzen jeweils die Konjunktion. Setze die Kommas und unterstreiche den Hauptsatz (rot) und die Konjunktionalsätze (blau).*

Keine Laune der Natur

In England wollten zwei Farmer ihre Schafe davor bewahren, dass sie Fußfäule bekommen. Sie wollten das verhindern indem sie ihnen Gummihandschuhe anzogen. Der britischen Volkswirtschaft würde dadurch wie sie meinten ein Schaden von einer Million Pfund Sterling entstehen. Sie müssten sich aber klar darüber sein dass über kurz oder lang ein solcher Schutz für die Schafe nicht ausreicht. Wenn sie nämlich vor Erdfeuchtigkeit geschützt werden kommen sicher bald andere Krankheiten hinzu.

Die Tiere werden nämlich dadurch dass man sie verwöhnt bald zu frieren beginnen.

Wenn man ihnen Schuhe anzieht werden sie sich bald auch nach anderen Kleidungsstücken sehnen. So wird es kommen wie es kommen muss: Nachdem sie sich an die Schuhe gewöhnt haben werden sie vielleicht sogar Strümpfe tragen wollen. Den Schafen wird man dann auch noch wenn sie frisch geschoren sind Hosen anziehen. Es ist nicht einmal auszuschließen dass kurzsichtige Schafe eines Tages Brillen tragen. Sobald man einmal mit einem solchen Unsinn begonnen hat kommt man dann auch auf noch verrücktere Ideen. Vielleicht wird man sogar eines Tages ihre Wolle dazu benutzen dass man ihnen Pullover daraus strickt und sie ihnen anzieht.

Nachdem die beiden Farmer den Bericht in der Zeitung gelesen hatten beklagten sie sich bitter darüber. Sie fühlten sich verspottet dass sie eine gute Idee gehabt hatten und sie drohten mit einer Anzeige. Unbekannt ist ob ihre Idee sich durchsetzen konnte.

2. *Setze die Kommas in diesem Text. Hier sind auch Relativpronomen eingesetzt worden. Markiere sie rot und die Konjunktionen blau.*

Nachdem die Meldung in Australien vorlag dass in England Schafe mit Schuhen versorgt worden waren ließ es einen Farmarbeiter dort nicht ruhen. Er erfand ein Licht für die Schwänze der Schafe das so ähnlich leuchtet wie es die Katzenaugen bei einem Fahrrad tun. Damit das Licht auch hält wird es mit einer kräftigen Spange befestigt die am Schwanz des Schafes klemmt. Ob die gefährlichen Raubtiere die durch dieses Licht erschreckt werden sollen die Schafe ungeschoren lassen ist allerdings noch nicht sicher. Wenn sich der Einfall den dieser Farmer hatte jedoch als sinnvoll erweist wird die Natur diese Verbesserung vielleicht einmal selbst in die Hand nehmen. Sie wird dann diese Idee wie es ihre Sache ist noch vollkommener gestalten. Das könnte so aussehen dass in Zukunft Schäfchen zur Welt kommen die hinten und vorn ein leuchtendes Licht tragen das sie vor wilden Tieren schützen soll. Vielleicht aber werden sich die Raubtiere wieder umstellen sodass sie sich an den verführerischen Lichtern von Schafen orientieren können.

TIPP

- ***Infinitiv** mit **zu**, der **Infinitivsatz**:*
Viele Sätze haben einen Infinitiv mit zu, der erweitert ist. Häufig muss ein solcher Infinitiv mit einem Komma abgetrennt werden; in anderen Fällen ist das Komma freigestellt: Ich hoffe jeden Tag(,) zu dir zu kommen. *Du **musst** den Infinitivsatz immer vom übrigen Satz mit einem Komma trennen, wenn Wörter wie **um, ohne, statt, anstatt, außer** oder **als** auf ihn hinweisen:* Er kam, um mit den anderen zu essen.
*Du machst also keine Fehler in der Zeichensetzung, wenn du erweiterte **Infinitive** immer durch ein Komma abtrennst.*

1. *Ergänze die Kommas in diesen Sätzen. 9 Kommas musst du setzen.*

Ein Besuch in Frankreich

a) Jasmin hatte sich immer gewünscht einmal ein Jahr in Frankreich zu verbringen.

b) Sie hatte sich aber eigentlich nie zugetraut es ganz allein zu machen.

c) Doch nun ergab sich die Gelegenheit ihre Brieffreundin in den Ferien zu besuchen.

d) Denn Claudine freute sich sehr darauf sie zu sehen.

e) Sie dachte mit Freude daran auch Claudines Familie kennenlernen zu können.

f) Jasmin ohne einen Augenblick zu zögern stimmte sofort zu.

g) Es war schon immer ihr Wunsch gewesen zu fliegen.

h) Und Geld um ihre Reisepläne zu verwirklichen hatte sie genug.

TIPP

- ***Partizipialsätze**:*
*Du **kannst** den Partizipialsatz vom übrigen Satz trennen:* Er lief(,) vor Anstrengung keuchend(,) den Berg hinauf.
*Du **musst** den Partizipialsatz vom übrigen Satz trennen, wenn er nachgestellt oder nachträglich darauf Bezug genommen wird:* Von Angst getrieben, so eilte sie heim.
*Du **musst** den Partizipialsatz vom übrigen Satz trennen, wenn dieser eingeschoben wird:* Sie, vor Langeweile eingeschlafen, sah den Film nicht.
*Du **solltest** den Partizipialsatz zur besseren Gliederung des Satzes vom übrigen Teil trennen:* Vom Fernsehprogramm enttäuscht(,) schaltet sie ihren Apparat nicht ein.

2. *Setze auch hier die fehlenden Kommas.*

a) Er legte sein Buch zur Seite von Langeweile angeödet.

b) Das Einverständnis der Eltern voraussetzend meldete er sich an.

c) Durch einen Imbiss gestärkt setzten sie die harte Arbeit fort.

d) Gut gelaunt schlenderte er durch die Stadt.

e) Er seinen Gegner nicht aus den Augen lassend hörte ein Geräusch.

TIPP

Zeichen bei der direkten Rede:
Begleitsatz vorangestellt: Mark bemerkt: „Das war ein richtiges Abenteuer!"
Begleitsatz nachgestellt: „Das hätte ich mich nie getraut", äußert Kirsten.
Begleitsatz eingeschoben: „Mit einem Bein", meint Ali, „ist das eigentlich unmöglich."
Zeichen bei der indirekten Rede:
Der indirekte Redesatz wird vom Begleitsatz durch Kommas abgegrenzt: Der Vater meinte, diese Leistung sei unglaublich.

1. *In dem Zeitungsartikel fehlen alle Kommas und die Zeichen der wörtlichen Rede. Markiere zuerst, was wörtlich gesagt wurde, und setze dann die fehlenden Zeichen.*

Beide Pole der Erde erreicht

Warschau. Janek Mela ein einbeiniger polnischer Schüler hat am Silvestertag nach einem gewaltigen Fußmarsch den Südpol erreicht. Es ist unglaublich wie er als behinderter Junge die Kälte bezwungen hat kommentiert sein Vater stolz diese Leistung. Für den 16-Jährigen war es der zweite Triumph in wenigen Monaten. Erst im April sei er zum Nordpol gewandert berichtet Vater Jurek der den Tatendrang seines Jungen kaum fassen kann. Mit einem künstlichen Bein hat er sich auf beiden Touren durch die Schnee- und Eismassen gekämpft. Wir haben richtig gut zusammengearbeitet aber auch zusammen gelitten berichtet der erfahrene polnische Abenteurer Marek Kaminski der den Jugendlichen begleitet und unterstützt hat. Mela der vor zwei Jahren bei einem Unfall ein Arm und ein Bein verlor wurde damit zum jüngsten Menschen der innerhalb eines Kalenderjahres Nord- und Südpol erreichte. Das mache ihn zu einem ganz besonderen Menschen der sich von anderen abhebe so der Vater.

(Lüdenscheider Nachrichten, 3.1.05)

TIPP

***Zitate** musst du **wörtlich übernehmen**. Rechtschreibung und Zeichensetzung bleiben unverändert, auch wenn sie fehlerhaft sind. Du setzt das Zitat in Anführungsstriche und kennzeichnest Auslassungen so: [...]. Die Quelle musst du mit genauer Seitenangabe nennen. Um eigene Schlussfolgerungen zu belegen, hast du drei Möglichkeiten:*

- ***wörtliches Zitieren:*** „Seine Verse zeichnen sich [...] durch betont einfache Formen [...] aus." (Meier 2003, S. 76)
- ***indirektes Zitieren:*** Laut Meier (2003, S. 76) zeichneten sich die Verse von Eichendorffs durch betont einfache Formen aus.
- ***Zitate als Satzteile verwenden:*** Hier wird deutlich, dass sich seine Verse durch „betont einfache Formen" (Meier 2003, S. 76) auszeichnen.

EINSTELLUNGSTEST: FEHLER FINDEN UND KORRIGIEREN

Viele Unternehmen und auch einige mittlere Betriebe führen Einstellungstests durch. Diese enthalten auch Aufgaben zur Rechtschreibung und Zeichensetzung. Darauf kannst du dich gut vorbereiten. Bei den meisten Aufgaben musst du ankreuzen.

1. *Welche Schreibweise ist richtig? – Sie haben 3 Minuten Zeit.*

☐ *Symetrie*	☐ *Amateurphotograph*	☐ *sie ist gestern heim gekommen*
☐ *Symmetrie*	☐ *Amatörfotograf*	☐ *sie ist Gestern Heim gekommen*
☐ *Symmetrih*	☐ *Amateurfotograf*	☐ *sie ist gestern heimgekommen*
☐ *Kräuterlikeur*	☐ *Schweiß gebadet*	☐ *ein einzelnes Paar Socken*
☐ *Kreuterlikeur*	☐ *schweissgebadet*	☐ *ein einzelnes paar Socken*
☐ *Kräuterlikör*	☐ *schweißgebadet*	☐ *ein Einzelnes paar Socken*

2. *Entscheiden Sie, wo ein Komma fehlt. – Sie haben 3 Minuten Zeit.*

... Sand ( ) Kies ( ) Felsbrocken ( ) Dünen ( ) das ist es ( ) was man in der Sahara ( ) zu sehen bekommt. Niemand käme heute auf die Idee ( ) in dieser größten Wüste der Erde ( ) die größer ist ( ) als das Mittelmeer ( ) Badeurlaub zu machen. Doch gibt es mitten in der Sahara ( ) im Wadi Sura ( ) steinzeitliche Felsmalereien ( ) auf denen Menschen dargestellt sind ( ) die deutlich ( ) erkennbare Schwimmbewegungen vollführen. Jüngere ( ) geografische Untersuchungen haben ergeben ( ) dass es vor Urzeiten ( ) in dieser Gegend ( ) einige Meter tiefe Seen gegeben hat ( ) die nach Starkregen ( ) Wasser führten.

3. *Kreuzen Sie* das *oder* dass *an. – Sie haben 4 Minuten Zeit.*

Es ist schön, wenn ☐ das ☐ dass Wasser plätschert und die Sonne lacht. ☐ Das ☐ Dass musst du dir merken. Wolfgang hat gesagt, ☐ das ☐ dass ☐ das ☐ dass so sein muss. ☐ Das ☐ Dass ☐ das ☐ dass ☐ das ☐ dass auslösen könnte, ☐ das ☐ dass hat niemand gedacht. ☐ Das ☐ Dass ist so, ☐ das ☐ dass ☐ das ☐ dass Niedrigenergiehaus, ☐ das ☐ dass in Deutschland nur ganz selten gebaut wird, ☐ das ☐ dass langfristig günstigste ist. ☐ Das ☐ Dass du dich nicht mehr erinnerst, an ☐ das ☐ dass, was du gesagt hast, ☐ das ☐ dass finde ich erschütternd.

4. *Trennen Sie die einzelnen Wörter voneinander und unterstreichen Sie diejenigen, die Sie großschreiben müssen. – Sie haben 3 Minuten Zeit.*

imwaldwerdennachtsdiebucheckernvorallemvonwildschweinenzunichtegemachteinefülle-schadenerregerfindensichheutenachwievorinunserenheimischengewässernschneeflocken-sindgenaugenommenkristallediezusechseckenangeordnetsind

TIPP

Wer sich in der Rechtschreibung und Zeichensetzung verbessern will, muss wissen, wo er noch Probleme hat. Schreiber machen oft gleichartige Fehler. Ordne also von Zeit zu Zeit deine Rechtschreib- und Zeichensetzungsfehler Typen zu. Beziehe dich dabei auf das Rechtschreibwissen, das du erworben hast. So kannst du deine Fehlerschwerpunkte sammeln und die Anzahl der Fehler immer weiter reduzieren.
Wie du selber vorgehen solltest, kannst du hier am Beispiel von Marcs Text nachvollziehen.

1. *Marc hat zu dem Gedicht „Das letzte Kapitel“ von Erich Kästner (Originaltext s. Lösungsteil S. 115) eine Analyse als Hausaufgabe verfasst. Den ersten Teil der Analyse hat sein Vater korrigiert.*

➢ *Nummeriere die Kennzeichnungen am Rand: R1, R2, R3, Z4 ...*
➢ *Finde und markiere die gekennzeichneten Fehler.*

Analyse zu Erich Kästner: Das letzte Kapitel (1930)	
Das mir vorligende Gedicht „Das letzte Kapitel“ verfasst von Erich Kästner,	R / Z
dessen Entstehunksjahr 1930 ist, thematisiert einen apokaliptischen Kriegs-	R / R
zustand der von seinem Standpunkt aus gesehen in der Zukunft statt findet.	Z / R
Bei diesem Angriff durch „Bombengeschwader der Luftpolizei wird die gan-	Z
ze Menschheit ausgerottet.	
Erich Kästner beschreibt wie die „Weltregierung“ beschliest, die gesamte	Z / R
Menschheit durch ein Giftgas zu vernichten, um den ersehnten Weltfrieden	
wieder herzustellen. Das lyrische ich beschreibt das leitvolle Ende der Men-	R / R / R
schen sehr detailliert. Deshalb erscheint es auf den ersten Blick tragisch	
und in jeder hinsicht bedrückend indem es die negative Kriegsstimmung	R / Z
vermittelt doch bei näherer Betrachtung läst sich eine gewise Ironie erken-	Z / R / R
nen (Z. 33–36), da die Idee die Menschheit zu vernichten in erster Linie	Z / Z
vollkommen absurd erscheint. Der durchgängige Kreuzreim unterstützt	
dabei umso mehr den stetigen Weg zum ende worauf auch die Überschrift	R / Z
„Das letzte Kapietel“ mit einer Anspielung auf das endgültige verweisst.	R / R / R
Insgesamt ist der Inhalt des Gedichts paradocks, da man durch Krieg	R
letztlich keinen Frieden schaffen kann (Z. 5–8) sondern ihn ganz im Gegen-	Z
teil zerstört. Es entsteht der Eindruck als verfolge man einen Kriegsbericht,	Z
was durch ein regelmässiges Metrum unterstützt wird, indem der Autor	R
die unaufhaltsame Entwicklunk sowie die Leiden der Lebewesen (Strophen	R
5–8) chronologisch wiedergibt. Die leicht verständlichen Sätze, welche	
durch Enjambements gekennzeichnet sind, lassen das Gedicht wie einen	
Prosa-Text wirken und machen es dem Leser möglich das Geschehen ohne	Z
Umschweife zu verfolgen. Die in der ersten Strophe erkennbare Zukunfts-	
vision läst sich teilweise mit dem Inhalt des Romans „1984“ vergleichen da	R / Z
in beiden auf eine Zukunft aufmerksam gemacht wird, der sich die Men-	
schen nähern, wenn wir uns nicht ändern. Kästners Intention war es den	Z
Menschen klarzumachen, das Krieg keine Lösung für Probleme sein kann ...	R

1. *Korrigiere die Rechtschreibfehler, indem du die Begründungen notierst. Korrigiere die Zeichensetzungsfehler, indem du die Regeln aus dem Tipp auf Seite 22 anwendest, z. B. markiere das Verb und setze die Sinneinheiten in Klammern.*

R1 vorliegende → langes ie – Normalfall; Z2 ..., verfasst von Erich Kästner, ... → eingeschobene Partizipialgruppe; R3 Entstehungsjahr → Entstehungen + Jahr;

2. *Finde nun die Fehlerschwerpunkte von Marc heraus, indem du die Häufung bestimmter Fehlerquellen auszählst. Überprüfe auch, ob es innerhalb dieser Kategorien ganz spezielle Fehlertypen gibt.*

Groß- und Kleinschreibung: IIII Fehler → Nomen und Nominalisierungen

Getrennt- und Zusammenschreibung:

s-Laute:

Unterschied das/dass:

Fremdwörter:

Satzzeichen:

sonstige Fehler:

3. *Welche Tipps kannst du Marc geben? Was sollte er üben, worauf sollte er in seinem Text ganz besonders achten? Erstelle eine Checkliste:*

Erkennungswörter für Nomen wiederholen

Das kannst du jetzt

Groß- und Kleinschreibung

- ***Namen, Satzanfänge*** *und* ***Nomen*** *(Substantive) werden großgeschrieben.*
- *Auch andere Wortarten können zu Nomen werden –* ***Verben:*** zum **Essen,** ***Adjektive:*** meine **Schöne,** ***Adverbien:*** das **Hin** und **Her,** ***Konjunktionen:*** das **Wenn** und **Aber,** ***Numerale:*** der **Dritte,** ***Präpositionen:*** dieses **Auf** und **Ab,** ***Pronomen:*** ein **Etwas**
- ***Erkennungswörter*** *helfen dir, diese richtig zu schreiben –* ***Artikel:*** **der** Schöne, ***Adjektive:*** eine **kleine** Insel, ***Pronomen:*** **dieses** Wenige, ***Präposition + Artikel:*** **zum** Beispiel, ***Präpositionen:*** **ohne** Fehler, ***Numerale:*** **fünf** Menschen
- *Die Wörter* **viel, wenig, ein, andere, meist, beide** *schreibst du immer klein.*

Getrennt und Zusammenschreibung *(Im Normalfall werden Wörter getrennt!)*

- ***Getrennt schreibst du****: Verbindungen von* ***Verb + Verb****; Verbindungen mit* **sein** *und* **gewesen***; Verbindungen aus* ***Nomen + Verb****, wenn das Nomen eindeutig als solches erkennbar ist; Verbindungen von* ***Adjektiv + Verb****, wenn du das Adjektiv steigern oder mit* sehr *oder* ganz *erweitern kannst;* ***Adverbien auf*** **-wärts** ***und*** **-einander** *+* ***Verb****; Verbindungen aus* ***Partizip + Verb****; Verbindungen mit Wörtern auf* **-ig, -lich, -isch**
- ***Zusammen schreibst du****: Verbindungen von* ***Nomen + Verb****, wenn das Nomen nicht mehr eindeutig als solches erkennbar ist; Verbindungen von* ***Adjektiv + Verb****, wenn dadurch die Bedeutung erweitert wird;* ***Konjunktionen*** *und einige Adverbien; wenn der erste Teil des Wortes eine* ***bedeutungsverstärkende*** *oder* ***-vermindernde Funktion*** *hat.*

s-Laute

- *Das stimmhafte (gesummte)* **s** *schreibst du einfach* **s***:* Ra**s**en, le**s**en, ro**s**ig ..., *ebenso das stimmlose (gezischte)* **s***:* Gra**s** – Grä**s**er, er la**s** – le**s**en, liebl**o**s – Lieblo**s**igkeit ...
- *Den stimmlosen s-Laut nach langem Vokal schreibst du* **ß**: Ma**ß**, gie**ß**en, spie**ß**ig ...
- *Nach kurzem Vokal schreibst du* **ss**: Ku**ss**, me**ss**en, ein bi**ss**chen, hä**ss**lich ...

das ***oder*** **dass**

- *Das Relativpronomen* **das** *leitet Relativsätze ein und bezieht sich auf ein Nomen im vorangegangenen Satz; du kannst es durch die* ***Ersatzprobe*** *mit* **dieses, jenes** *oder* **welches** *ersetzen:* **Das Mädchen, das** ich liebte, hatte schwarzes Haar.
- *Die Konjunktion* **dass** *leitet Gliedsätze ein und steht oft nach Verben wie* denken, sagen, meinen, hoffen ...*:* Kevins Mutter **bedauert, dass** er eine Fünf in Mathe hat.

Fremdwörter

- *Fremdwörter erkennt man an ihren* ***typischen Endungen:*** **-tion, -iv, -age, -ine** ... *Sie werden manchmal eingedeutscht geschrieben, manchmal nicht:* Chauffeur, Rhythmus ...

Satzzeichen

- *Vor* **und** *oder* **oder** *setzt du kein Komma, außer es folgt ein* ***vollständiger Satz****.*
- *Bei* ***Aufzählungen*** *fügst du Kommas ein:* Er ist klug, gerecht und verständnisvoll.
- *Mit einem Komma trennst du alle Teile ab, die den Fluss eines Satzes hemmen oder unterbrechen (****Anrede, Ausruf, Datum, Apposition, Betonung, Parenthese****).*
- *Die Sätze einer* ***Satzreihe*** *können durch* ***Konjunktionen*** (**und, oder, bzw., entweder ... oder, sowohl ... als auch, weder ... noch**) *oder* ***Kommas*** *verbunden sein.*
- *Die Sätze eines* ***Satzgefüges*** *trennst du durch Kommas. Achte dabei auf* ***Relativpronomen*** (**der, die, das ...**) *und* ***Konjunktionen*** (**weil, denn, sobald, obwohl ...**).
- *Bei* ***Infinitiv-*** *und* ***Partizipialsätzen*** *setzt du in der Regel kein Komma, außer: wenn du Missverständnisse vermeiden oder den Satz deutlich gliedern willst, wenn du eine Aussage durch ein hinweisendes Wort* (es, darauf, dazu ...) *ankündigst oder wieder aufnimmst, wenn diese in den Hauptsatz eingeschoben werden.*

1. *Überprüfe deine Rechtschreibung: Streiche alle falsch geschriebenen Wörter durch!*

Reisen bildet – Sprachkurse im Ausland helfen oft auch für den Beruf

Am Strand liegen und Vokabeln pauken lästigfinden / lästig finden? Im Gegenteil! Für viele deutsche / Deutsche ist das eine reizvolle / Reiz volle Urlaubskombination. Mehr als 150 000 Deutsche buchen jedes Jahr einen Sprachkurs im Ausland und wieder holen / wiederholen diese Reisen sogar mehrfach. „Der Trend ist seit Jahren ungebremst. Der Anteil Erwachsener hat den jugendlicher / Jugendlicher Sprachreisender weit überflügelt", weiß / weis Claus Kunze vom Fachverband Deutscher / deutscher Sprachreiseveranstalter (FDSV) in Berlin zuberichten / zu berichten. Früher habe dabei das Interesse an der Kultur im Vordergrund gestanden, stattdessen / statt dessen seien es heute / Heute vorwiegend berufliche Gründe. „Immer mehr selbstbewuste / selbstbewusste / selbst bewusste Erwachsene entdecken Sprachreisen seit dem / seitdem zu aller erst / zuallererst auch als Single-Urlaub", ergänzt Monika Düngemann, Produktmanagerin für Sprachreisen in München. „Allein in Deutschland gibt es rund sechzig Anbieter", schätzt Kunze. Nicht alle sind seriös, das / dass hat er mittlerweile / mittler Weile heraus gefunden / herausgefunden. Die 21 im FDSV organisierten Veranstalter würden dagegen regelmäßig / regelmeßig / regelmässig Standards wie Lehrerqualität, Ausstattung und Unterbringung kontrollieren lassen / kontrollierenlassen. Ratschläge gibt auch die Aktion Bildungsinformation (ABI) in Stuttgart, die den Sprachreisemarkt unter die Lupe nimmt und vor „schwarzen / Schwarzen Schafen" warnt. Allein LAL Sprachreisen bietet im kommenden Jahr insgesamt sieben Sprachen in 18 Ländern und mehr als 70 Destinationen an. Die Angebote reichen vom Ferienkurs mit wenigen Lektionen pro Tag bis zum maßgeschneiderten / Maß geschneiderten Intensivkurs mit 40-Stunden-Woche / 40 Stunden Woche. Das Neuste / neuste ist die Unterbringung im Haus des Lehrers, das / dass meistens / meißtens komfortabel ausgestattet ist. Frühes beginnen / Beginnen ist ebenso möglich wie der Start spätabends / spät Abends.

Sprachreisen speziell für Fach- und Führungskräfte haben unter anderem die Carl Duisberg Centren im Programm. Ziele sind zum beispiel / zum Beispiel die USA, aber auch England und andere englischsprachige / Englisch sprachige Länder. Um im Beruf nicht den kürzeren / Kürzeren zu ziehen, muss / muß man sich über Kurz oder Lang / kurz oder lang wohl auch einmal / ein mal mit so einem Sprachkurs auseinander setzen / auseinandersetzen. Wozu also noch zeitverlieren / Zeit verlieren?

(nach: Lüdenscheider Nachrichten vom 4. Januar 2004)

2. *Setze in diesem Text sämtliche Zeichen: Satzschlusszeichen, Kommas und Zeichen der wörtlichen Rede. Korrigiere den ersten Buchstaben am Satzanfang!*

Food-Designer – ein interessanter Beruf

immer interessanter wird es Lebensmittel zu designen vom Brauer bis zum Zuckertechnologen reicht die Palette der beteiligten Berufe Versuchsköche Verfahrenstechniker Verpackungsingenieure und Marketingstrategen wirken daran mit unsere Ernährung zu revolutionieren traditionelle Produkte zerlegen sie nach allen Regeln der Chemie um aus den einzelnen Lebensmitteln neue Kreationen konstruieren zu können zunächst waren es die Snacks die Chips Cricks oder Kräckers die Candy- Müsli- und Schokoladenriegel die nach dem Baukastenprinzip entstanden die Food-Designer arbeiten sich von den Desserts aus auf der Speisekarte nach oben den aktuellen Trend im Blick habend dabei kommen sechzig bis achtzig Prozent unserer Nahrung aus der Industrie die in Westeuropa jährlich mehr als 10 000 neue Artikel auf den Markt wirft wobei diese dem Trend folgend immer weniger Kalorien haben und immer gesünder sein sollen am liebsten hätten die Verbraucher Lebensmittel von denen man unendlich viel essen kann gleichzeitig sollen sie aber auch gesund sein das Immunsystem stärken und im besten Fall auch Krankheiten bekämpfen schmunzelt Lebensmittelforscher Hagen Beyer über die Wünsche der Verbraucher und so erfinden die Forscher künstliche Trüffeln produzieren durch Zusatz von Glyzerin-Molekülen eine Schokolade die nicht schmilzt mixen Vitamine und Eiweißisolate zu Fitnessdrinks und experimentieren mit karieshemmenden Enzymen in süßem Naschwerk damit Öko-Geschirr kompostierbar wird backen sie es aus Mais- und Kartoffelstärke selbst vor eigentlichen Grundnahrungsmitteln wird nicht haltgemacht denn sie entwickeln aus Sojapulver Gelatine Xanthan-Gummi und Algenextrakt ein Käseimitat für die Tiefkühlpizza damit diese auch schön aussieht und lange hält aber wer kauft so etwas obwohl manche Rezepte eher wie eine Gruselstory klingen werden die meisten Produkte vom Konsumenten gekauft ja regelrecht gewünscht alle anderen verschwinden nach kurzer Zeit vom Markt aber wie soll der Käufer sich auch entscheiden wenn nicht nur die Werbung ihm das Blaue vom Himmel verspricht sondern auch die Inhaltsstoffe derart verschlüsselt dargestellt werden dass der Otto-Normal-Verbraucher sie einfach nicht erschließen kann

BEWERTUNG

0 – 2	FEHLER:	SEHR GUT
3 – 5	FEHLER:	GUT
6 – 10	FEHLER:	BEFRIEDIGEND
11 – 14	FEHLER:	AUSREICHEND
ÜBER 14	FEHLER:	DU MUSST NOCH ÜBEN!

Das musst du wissen

Wörter lassen sich nach **Wortarten** unterscheiden. Es gibt **flektierbare** (veränderbare) Wörter, dazu gehören: Artikel, Nomen, Pronomen, Adjektiv und Verb. Und es gibt **unflektierbare** (unveränderbare) Wörter wie Adverb, Konjunktion, Präposition.

Nomen (Hauptwort, Substantiv) bezeichnen Gegenstände *(der Gürtel)*, Lebewesen (*das Kind*), Sachverhalte (*der Mut*). Nomen können im Singular (*Einzahl: die Maus*) oder im Plural (*Mehrzahl: die Mäuse*) stehen. Nomen können auch dekliniert werden: Nominativ (*der Freund*), Genitiv (*des Freundes*), Dativ (*dem Freund*), Akkusativ (*den Freund*).

Nomen haben einen **Artikel** (Geschlechtswort). Man unterscheidet **bestimmte** Artikel (*der, die, das*) und **unbestimmte** Artikel (*ein, eine*). Sie kommen im **Maskulinum** (*der Kanister*), im **Femininum** (*die Brille*) und im **Neutrum** (*das Buch*) vor.

Zu den **Pronomen** (Fürwörter) gehören: das **Personalpronomen**, das anstelle eines Nomens stehen kann (*der Apfel – er, die Katzen – sie, ich, du ...*), das **Possessivpronomen**, das die Zugehörigkeit zu jemandem oder etwas ausdrückt (*mein Koffer, ihre Reise*), das **Demonstrativpronomen**, das auf etwas Bekanntes oder Bestimmtes hinweist (*dieser Schal, jener Kollege, das war gut*), das **Indefinitpronomen**, das aus einer Vielzahl von Personen usw. eine unbestimmte Menge herausgreift (*irgendwelche, manche, jede, einige, einzelne ...*), das **Relativpronomen** (*der, die, das, deren ...*), das Relativsätze einleitet und sich auf ein vorausgehendes Nomen bezieht (*Die Küche, die wir benutzen, ist neu*) und das **Interrogativpronomen**, mit dem Fragen eingeleitet werden (*wer, was, wohin, wo ...*).

Adjektive (Eigenschaftswort) bezeichnen Eigenschaften, Aussehen (*klug, schön, einsam*) usw. Viele Adjektive lassen sich steigern (*hoch, höher, am höchsten*).

Verben (Tätigkeitswörter/Zeitwörter) geben Tätigkeiten, Vorgänge und Zeiten an. Im Text stehen sie in Personalformen (*ich gehe, wir schreiben*) und in verschiedenen Zeitformen (*ich ging, wir haben geschrieben*).

Mit **Adverbien** (Umstandswörter) können bestimmte Angaben über die Zeit (*heute*), den Ort (*dort*), die Art und Weise (*gern*) oder den Grund (*daher*) gemacht werden.

Konjunktionen (Bindewörter) verknüpfen einzelne Wörter, Wortgruppen oder Sätze miteinander (*und, als, denn, damit, weil ...*).

Präpositionen (Verhältniswörter: *auf, in, neben, unter, zu, durch ...*) geben nähere Hinweise auf räumliche Verhältnisse (*auf der Bank, im Korb*), auf zeitliche Verhältnisse (*während des Films*) oder kausale Verhältnisse (*wegen des Regens*).

Zu den Wortarten gehören auch die **Numerale** (Zahlwörter) und **Interjektionen** (Ausrufe).

Zur Verständigung miteinander benutzen wir diese Wortarten zumeist in Sätzen. Dabei unterliegt unsere Sprache bestimmten Regeln. Werden diese Regeln nicht eingehalten, kann es zu Missverständnissen kommen. Die wichtigsten Teilglieder eines Satzes sind **Subjekt** (Satzgegenstand), **Prädikat** (Satzaussage) und **Objekt** (Satzergänzung).

TIPP

Wenn du ein Nomen deklinieren willst, helfen dir bei der Feststellung des jeweiligen Kasus (Falls) die folgenden Fragen:

Nominativ ⟶ WER oder WAS? (N)
Genitiv ⟶ WESSEN? (G)
Dativ ⟶ WEM? (D)
Akkusativ ⟶ WEN? (A)

1. *Setze in die Lücken das Nomen mit dem passenden Kasus ein bzw. bestimme den Kasus der dort stehenden Nomen.*

2. *Ergänze, wenn möglich, hinter dem eingesetzten Nomen jeweils ein passendes Personalpronomen.*

Der Fußballspieler / er (N) visiert das Tor an.
Neben _____ __________ / ihm (D) wartet ein Mitspieler.
Die Position _____ __________ (G) wird einfach nicht besser.
Ihn _____ __________ (___) ärgert es, dass er den Ball nicht spielen kann.

_____ __________ / _____ (N) wartet auf ihren Einsatz.
Das Handy der Polizistin (___) klingelt.
Vor _____ __________ / _____ (D) fährt ein Streifenwagen vor.
Die Kollegen holen _____ __________ / _____ (___) zum Einsatzort ab.

Die Ruder des Bootes / _____ (___) liegen achtlos im Inneren.
Das Boot / _____ (___) dümpelt am Ufer.
_____ __________ / _____ (D) fehlt eindeutig ein neuer Anstrich.
Der Besitzer _____ __________ (G) scheint es vergessen zu haben.
Bald kann er _____ __________ / _____ (___) nur noch verschrotten.

3. *Fülle die Lücken mit passenden Demonstrativpronomen* (dieser, jene, der ...).

Welcher Hund gefällt dir? __________ Hund.
Welchen Kunden meinten Sie? __________ da vorne.
__________ war toll!
Von welcher Reise sprichst du? Von __________ im Winter.
Unser Schulleiter hielt eine Rede. __________ brachte es auf den Punkt.
Hast du das T-Shirt neu? __________? Nein. __________ habe ich schon lange.

TIPP

Zeitformen werden verwendet, um Zeitstufen wie Vergangenes, Gegenwärtiges oder Zukünftiges auszudrücken: ***Präteritum, Perfekt, Plusquamperfekt, Präsens, Futur.***
Das ***Präsens*** *bezeichnet oft etwas, was gerade geschieht: Die Zuschauer verfolgen interessiert das Fußballspiel. Es wird auch verwendet, um Allgemeingültiges wiederzugeben: Zu unseren Nachbarn haben wir ein gutes Verhältnis. Auch auf Vergangenes und Zukünftiges kann es verweisen:* Neulich gehe ich ins Kino und treffe dort einen alten Bekannten. / Morgen erwarte ich Besuch. *Als Spannungsmittel kann man vom Präteritum zum sogenannten* ***szenischen Präsens*** *wechseln, um die Spannung zu erhöhen.*
Das ***Präteritum*** *drückt Vergangenes aus, über das* ***schriftlich*** *erzählt wird: Alex schreibt in einem Brief:* Gestern **war** das Training besonders hart.
Wenn dagegen mündlich von Vergangenem erzählt wird, wird meist das ***Perfekt*** *verwendet: Alex erzählt seinem Freund:* Gestern **ist** das Training besonders hart **gewesen**.
Das ***Plusquamperfekt*** *verweist von der Zeitform des Präteritums oder des Perfekts aus auf etwas weiter Zurückliegendes:* Nachdem er das Haus **verlassen hatte**, ging er in Richtung Stadtmitte.
Das ***Futur*** *macht deutlich, dass sich das Gesagte auf etwas Zukünftiges bezieht:* Nach der Schule **werde** ich eine Ausbildung **beginnen**.

1. *Setze die Verben in der richtigen Zeitform in die Klammern ein.*

2. *Ergänze in der Klammer, welche Zeitform du eingesetzt hast. Verwende dazu folgende Abkürzungen: Präsens (Präs), Präteritum (Prät), Perfekt (Perf), Plusquamperfekt (Plus), Futur (Fu).*

Greta in Gedanken

Greta ging (gehen) (Prät) völlig in Gedanken die Straße entlang. Die Menschen, die rechts und links an ihr _____ (vorbeieilen) (___), _____ (sehen) (___) sie nicht. Zu sehr _____ (beschäftigen) (___) sie das gestrige Gespräch mit Jan. Was _____ (sagen) (___) er da zu ihr? „Du _____ (sein) (___) wirklich ein toller Kumpel!“ Kumpel! Pah! Das _____ (wollen) (___) sie nun wirklich nicht für ihn sein! „Wie _____ (umgehen) (___) ich von nun an mit ihm _____?“, _____ (gehen) (___) es ihr durch den Kopf. Automatisch _____ (stoppen) (___) sie vor einer Ampel. Ohne aufzusehen _____ (überqueren) (___) sie anschließend die Straße. Da _____ (sehen) (___) sie das Auto auf sich zukommen. Vor lauter Schreck _____ (können) (___) sie sich nicht rühren. Im letzten Moment _____ (spüren) (___) sie einen Arm, der sie von der Straße _____ (reißen) (___). Freundliche, braune Augen _____ (blicken) (___) besorgt auf sie herab. Eine angenehme Stimme _____ (erkundigen) (___) sich, wie es ihr _____ (gehen) (___). „Netter Typ“, _____ (denken) (___) Greta. „Nicht so wie Jan. Und überhaupt: Jan, wer _____ (sein) (___) das denn noch mal?“.

TIPP

Der Konjunktiv II wird verwendet, um mit ihm ***Wünsche*** *und* ***Vorstellungen*** *zu äußern:* Ich wäre gerne Millionär. *Auch um eine Aussage als* ***unwirklich*** *zu kennzeichnen oder bei* ***höflichen Aufforderungen*** *kommt er zum Einsatz:* Würden Sie mir bitte Platz machen?
Die Formen des Konjunktiv II werden vom ***Indikativ Präteritum*** *abgeleitet:*

Indikativ Präteritum:	Er **ging** gerne im Wald **spazieren**.
Konjunktiv II:	Er **ginge** gerne im Wald **spazieren**.

Der Konjunktiv II lässt sich auch mit ***würde*** *umschreiben. Dies gilt oft, wenn die Konjunktiv-II-Form zu gestelzt klingt:*

Konjunktiv II:	Er **äße** am liebsten jeden Tag Pizza.
würde-*Form:*	Er **würde** am liebsten jeden Tag Pizza **essen**.

1. *Unterstreiche die Konjunktiv-II-Formen im Text.*

Einmal Popstar sein!

Meine Schwester träumt davon, Popstar zu werden! Sie gäbe häufig Konzerte, bei denen das Publikum ihr zujubelte. Kleine Geschenke flögen auf die Bühne. Sie wäre immer lässig gekleidet und erhielte Unterstützung von ihrem Manager. Immer wieder lernte sie neue Städte und Länder kennen, würde heiße Partys feiern und in noblen Hotels wohnen. Wir sähen sie im Fernsehen und könnten sie auf eigenen CDs hören. Wenn sie mir zu sehr mit ihren Träumereien auf die Nerven geht, schildere ich ihr, wie ihr Leben auch aussehen könnte: Sie käme ständig spät ins Bett und könnte meistens nicht lange schlafen, denn auf sie würden Proben warten. Immer wäre sie von Menschen umgeben.

2. *Der folgende Text spielt in der Zukunft. Wie müsste er aus der heutigen Perspektive lauten? Schreibe ihn auf einen Zettel um und verwende den Konjunktiv II bzw. die* würde-*Form: Im Jahre 2050 wäre ich 60 Jahre alt. ...*

Lebenslauf 2050

Ich bin zurzeit 60 Jahre alt. Ich befinde mich also im besten Alter. Nach meiner Schulzeit bin ich Reiseverkehrskaufmann geworden. Natürlich hat sich in der Zwischenzeit vieles geändert: Zu Beginn meiner Ausbildung hat man noch überwiegend Reiseziele in Europa gebucht, heute nun sind Reisen ins Weltall der Renner. Früh trat ich einer Gewerkschaft bei, zu deren Vorsitzendem ich mittlerweile gewählt wurde. Dieses Aufgabenfeld bedeutet mir viel. Mit meiner Lebensgefährtin lebe ich nun schon seit vierzig Jahren zusammen. Zum Glück bewohnen wir ein großzügig geschnittenes Haus, so dass wir uns auch einmal zurückziehen können. Unser Haus haben wir gemeinsam geplant. Es kann über dem Boden schweben, so dass wir unseren Standort immer wieder neu wählen können. Je nach Jahreszeit liegt es am Wasser oder steht in den Bergen. Es ist durchaus möglich, hunderte Kilometer mit ihm zurückzulegen.

TIPP

*Wenn man wiedergeben möchte, was andere gesagt haben, verwendet man meistens die **indirekte Rede** statt der direkten Rede:*
Direkte Rede: Annette sagt: „Klaus **kommt** etwas später. Er **sucht** noch seine Eintrittskarte."
Indirekte Rede: Annette sagt, Klaus komme etwas später. Er suche noch seine Eintrittskarte.
*In der indirekten Rede steht das Verb oft im **Konjunktiv I**, der vom **Infinitiv des Verbs** abgeleitet wird:*

Indikativ Präsens	***Konjunktiv I***	***Infinitiv***
er schimpft	er schimpfe	schimpfen
er ist	er sei	sein
sie wird	sie werde	werden
sie hat	sie habe	haben

*Wenn man die direkte Rede in die indirekte Rede umformt und dabei den Konjunktiv I verwendet, müssen auch die **Zeitformen** beachtet werden:*

sie hört →	..., sie **höre** gerne Musik.	**Konjunktiv I Präsens**
sie hörte sie hat gehört sie hatte gehört } →	..., sie **habe** gerne Musik **gehört**.	**Konjunktiv I Perfekt**
sie wird hören →	..., sie **werde** gerne Musik **hören**.	**Konjunktiv I Futur**

*Manchmal kommt es vor, dass sich der Konjunktiv I nicht vom Indikativ unterscheidet. Dann wird der **Konjunktiv II** gebraucht:*
Die Schulleiterin sagte, viele Schüler **kommen** ohne Frühstück zur Schule.
Die Schulleiterin sagte, viele Schüler **kämen** ohne Frühstück zur Schule.
Auch die würde*-Form ist möglich, wenn die Konjunktiv-II-Form unnatürlich klingt:*
Die Schulleiterin sagte, viele Schüler würden ohne Frühstück zur Schule kommen.

In der Schülervertretungs-Sitzung

1. *Christoph, der Schülersprecher, hat in der SV-Sitzung einen Vorschlag gemacht. Gib Christophs Vorschlag in der indirekten Rede wieder. Achte darauf, wann du den Konjunktiv I durch den Konjunktiv II ersetzen musst. Unterstreiche anschließend die Verbformen, die nun im Konjunktiv stehen.*

... Ich habe darüber nachgedacht, für welche Zwecke der Erlös des Schulfestes gespendet werden kann.

Christoph sagte, er habe

Ich schlage vor, das Geld der hiesigen Tafel zu geben.

Dort bekommen Menschen täglich ein warmes Essen, die es sich selbst nicht mehr leisten können.

Ist es nicht schlimm, dass mittlerweile hier bei uns solch eine Armut herrscht?

Auch einige Schüler unserer Schule sind bereits auf diese Hilfe angewiesen.

Ich halte es für sehr sinnvoll, wenn die Einnahmen dahin fließen.

Auch Freiwillige, die die gespendeten Lebensmittel von den Läden abholen, werden immer gebraucht.

Stellt doch bitte meinen Vorschlag in euren Klassen vor.

2. *In einem Artikel wird die Frage gestellt, ob heutzutage die gesetzlichen Ladenöffnungszeiten noch Sinn machen würden. Gib die folgenden Äußerungen indirekt wieder. Gehe Satz für Satz vor. Überlege, wie du die Sätze einleitest:*

Einkaufen rund um die Uhr?

Machen heutzutage gesetzliche Ladenöffnungszeiten noch Sinn? Immer mehr Geschäfte verlängern ihre Öffnungszeiten zugunsten der Kunden. Begann vor kurzem samstags noch um 14.00 Uhr das Wochenende für die Verkäufer, so müssen diese mittlerweile gar bis 20.00 Uhr ihre Geschäfte für die kauffreudige Kundschaft geöffnet haben. Und selbst dann noch stehen einige Kaufwütige vor der Tür und begehren Einlass. Ist es denn wirklich nötig, am Samstagabend noch einen Liter Milch zu kaufen? Eine Supermarktleiterin wurde neulich wie folgt zitiert: „Mittlerweile ist auch der Sonntag als Einkaufstag im Gespräch." Da fragt man sich doch, ob das Einkaufen heutzutage nicht eher als Freizeitbeschäftigung gesehen wird. Demnächst werden einige Menschen also antworten: „Mein Hobby? Das ist das Einkaufen!"

So könntest du beginnen:
Der Zeitungsartikel „Einkaufen rund um die Uhr?" wird mit der Frage eingeleitet, ob ...

TIPP

*Verben kommen normalerweise in der Form des **Aktiv** vor. Mit dem Aktivsatz wird der Blick auf die **Person** oder **Sache** gerichtet, **die eine Handlung auslöst**:*

Der Autofahrer übersah | die rote Ampel. → ***Aktivsatz***

Subjekt *Objekt*

Die rote Ampel | wurde (vom Autofahrer) übersehen. → ***Passivsatz***

*Der **Passivsatz** richtet den Blick auf die Person bzw. die Sache, **mit der etwas geschieht** oder **auf die Handlung selbst:***
*Wenn man einen Aktivsatz ins Passiv umformt, so wird das **Objekt des Aktivsatzes zum Subjekt im Passivsatz.***
Das Passiv wird mit einer Form des Verbs werden *und dem **Partizip Perfekt** gebildet:*
Georg wird ausgezeichnet. Die Schule wurde renoviert. Frau Müller ist gesucht worden. Meike war angenommen worden. Klaus wird ausgewählt werden.

1. *Wandle die Aktivsätze ins Passiv um. Unterstreiche anschließend die Passivformen.*

Im Fitness-Studio

Guido stemmt seit zwanzig Minuten schwere Hanteln. Seine Muskeln hoffen bereits auf eine Pause. Doch der Kraftsportler legt noch Gewichte nach. Interessiert beobachtet ihn Karsten. Leichtsinnig sucht Guido nach neuen Scheiben. Die Trainerin ermahnt ihn jedoch, nicht zu übertreiben. Am Ende der Trainingszeit misst er stolz den Muskelumfang seines Oberarmes. Zwei Mädchen lachen Guido deswegen aus. Nun beneidet Karsten seinen Freund nicht mehr.

Schwere Hanteln werden seit zwanzig Minuten ...

2. *Der folgende Bericht enthält sowohl Aktiv- als auch Passivsätze. Setze jeweils vor den Satz ein A für Aktiv bzw. ein P für Passiv. Schreibe anschließend den Text um, indem du die Passivsätze ins Aktiv und die Aktivsätze ins Passiv setzt.*

Fußballer des Jahres

(P) Bernd Klustrop wurde gestern auf der Hauptversammlung des FC Schlingen 01 zum Fußballer des Jahres gewählt. ( ) Die Mehrheit der Stimmen an ihn vergab wohl seine eigene Mannschaft, ( ) von der er zusätzlich zum Kapitän bestimmt wurde. ( ) Für Klustrop war dies ein zusätzliches Weihnachtsgeschenk, ( ) da nicht nur seine herausragenden Leistungen gewürdigt wurden, ( ) sondern er auch für seinen Teamgeist ausgezeichnet wurde. ( ) Dafür überreichte ihm die Mannschaft eine Urkunde ( ) sowie neue Fußballschuhe, ( ) die von ihm in Zukunft besonders gepflegt werden. ( ) Vorgenommen wurde die Ehrung von Weihnachtsmann Thorsten Seeheim, ( ) der unterstützt wurde von Knecht Ruprecht, Ole Lampen. ( ) Zum Abschluss äußerte die Mannschaft den Wunsch, auch weiterhin auf zahlreiche Zuschauer zählen zu können.

Die Hauptversammlung des FC Schlingen 01 wählte

3. *Viele Kochrezepte sind im Passiv formuliert. Schreibe mithilfe der Stichwörter den Text des Rezeptes auf einen Zettel. Verwende dazu das Passiv.*

Zaziki:

1. 1000 gr. Jogurt in Sieb geben
2. 1 Salatgurke schälen und raspeln
3. 1 TL Salz unter Raspeln geben, 10 Minuten stehen lassen
4. 3 Knoblauchzehen in Jogurt drücken
5. Jogurtmasse mit Raspeln mischen
6. 1 EL Olivenöl, 1 EL Essig hinzufügen
7. mit Dill und Pfeffer verfeinern und durchrühren

TIPP

Adjektive (Eigenschaftswörter) *sind im Vergleich zu Adverbien* **veränderlich**. *Sie verändern sich, wenn sie vor Nomen stehen:* hoch – der hohe Turm, die hohen Türme. *Viele Adjektive lassen sich* ***steigern*** *(*gut – besser – am besten*).*

1. *Manchmal sind Adjektive von Adverbien nur schwer zu unterscheiden. Unterstreiche in den folgenden Wortreihen jeweils die Adjektive.*

2. *Bilde Beispielsätze, mit denen du überprüfen kannst, ob du Adjektiv und Adverb richtig zugeordnet hast.*

Adjektiv oder Adverb?

ständig – hoffentlich – dort – selten – hier – groß – dauernd – gern – leider – oft – manchmal – wiederholt – gelehrt – jetzt – dann – entzwei – begossen – nie – rasch – wertlos – großartig – beizeiten

Der ständige Stress setzt mir zu.

TIPP

Konjunktionen *(Bindewörter) und auch manche* ***Adverbien*** *verknüpfen Wörter, Wortgruppen oder Sätze miteinander. Sie können Hauptsätze verbinden (Satzreihe/Parataxe) oder einen Satz einem anderen unterordnen (Satzgefüge/Hypotaxe).*

Satzreihe:	Der Partytermin liegt ungünstig, aber ich komme trotzdem.
Satzgefüge:	Der Partytermin liegt ungünstig, weil ich bereits eine Einladung habe.

Konjunktionen erfüllen unterschiedliche Funktionen:

*etwas zeitlich einordnen (**temporal**)*	***Konj.**:*	als, nachdem, bevor, während, wenn ...
	Adv.:	nachher, zuerst, dann ...
Wann? Seit wann?	Bevor ich gehe, verabschiede ich mich noch.	
*Umstände angeben (**modal**)*	***Konj.**:*	indem, wie, als ob, ohne dass ...
	Adv.:	indem, dadurch
Womit? Wodurch? Wie?	Ich fühle mich, als ob ich schwebe.	
*etwas begründen (**kausal**)*	***Konj.**:*	weil, da, damit
	Adv.:	deswegen, darum, deshalb
Warum? Wieso?	Ich mag dich, weil du lustig bist.	
*Bedingungen angeben (**konditional**)*	***Konj.**:*	wenn, sofern, falls
	Adv.:	sonst, andernfalls
Unter welcher Bedingung?	Wenn ich komme, musst du fertig sein.	
*etwas einschränken (**konzessiv**)*	***Konj.**:*	obwohl, obgleich
	Adv.:	trotzdem, dennoch
Trotz welcher Beschränkung?	Obgleich ich müde bin, kann ich nicht schlafen.	
*Zweck angeben (**final**)*	***Konj.**:*	damit, um
	Adv.:	darum
Wozu?	Ich trainiere viel, damit ich erfolgreich bin.	
*Folgen angeben (**konsekutiv**)*	***Konj.**:*	sodass
	Adv.:	so
Mit welcher Folge?	Ich bin fit, sodass ich den Marathon schaffe.	

1. *Verbinde die Sätze durch passende Konjunktionen oder Adverbien und notiere die Funktion der Konjunktionen bzw. Adverbien in den Sätzen.*

Ich gehe gerne ins Kino. Die Filme sind dort ausdrucksstärker als im Fernsehen.

Ich gehe gerne ins Kino, weil (kausal) die Filme ...

Ein neuer Film läuft an. Ich informiere mich über ihn.
Der Hauptfilm reizt mich am meisten. Ich verfolge auch gerne die Vorschau.
Neulich griff ich gerade zum Popkorn. Meine Freundin stieß mich an.
Ich konnte die Tüte in Sicherheit bringen. Das Popkorn regnete auf die Zuschauer vor mir.
Der Film war nicht besonders spannend. Die Schauspieler waren authentisch.
Meine Freundin lenkte mich häufig ab. Die Zeit verging sehr schnell.
Mir war dies furchtbar peinlich. Ich war froh, im Dunkeln zu sitzen. Meiner Freundin habe ich leid getan. Ich wäre auch sehr böse auf sie gewesen.
Sie hat mich anschließend zu einer Pizza eingeladen. Ich komme auf andere Gedanken.
Mir passiert so etwas nicht mehr. Ich verzichte nun auf Popkorn.

2. *Entscheide, ob es sich bei den Wörtern um Konjunktionen oder Adverbien handelt. Unterstreiche dazu alle Konjunktionen.*

Konjunktion oder Adverb?

weil	da	ob	ehe
deshalb	zuerst	trotzdem	wenn
sofern	allerdings	folglich	nachdem
diesmal	sobald	daher	so
denn			

TIPP

***Adverbien** verdrängen das Subjekt des Satzes von seinem Platz vor dem Verb:*
GUIDO will sich mit Nico treffen. Er will mit ihm das Spiel bereden.

Diesmal will sich GUIDO mit Nico treffen, denn er will mit ihm das Spiel bereden.

Diesmal = *Adverb*

Denn = *Konjunktion*

*Bei **Konjunktionen** bleibt das Subjekt auf seinem Platz.*

3. *Überprüfe, ob du bei deiner Zuordnung richtig gelegen hast, indem du Konjunktionen oder Adverbien aus dem Kasten in die Lücken einsetzt.*

Diesmal wollte Maria die Wahl zur Schülersprecherin nicht annehmen, ______ sie befürchtete, zu wenig Zeit zu haben. ______ sollten sich neue Kandidaten zur Wahl stellen, ______ sie ernsthaft interessiert seien. ______ wurde Marco vorgeschlagen, ______ er mit dem Amt einverstanden wäre. ______ wurde er gefragt, ______ er überlegen konnte, ______ er das Angebot annehmen sollte. ______ zweifelte er an sich selbst, ______ er fühlte sich ein wenig überfordert. ______ ist er mit seinem Amt sehr zufrieden, ______ er gewählt wurde. ______ macht er das Beste daraus, ______ er seine Wähler nicht enttäuschen möchte. ______ plant er bereits ein großes Schulfest, ______ ein Termin gefunden ist.

ACHTUNG

Oftmals ist es sinnvoll, Sätze durch Satzverknüpfungswörter miteinander zu verbinden: ***Konjunktionen, die Gliedsätze einleiten*** (als, weil, wenn ...), ***Konjunktionen, die Hauptsätze verbinden*** (aber, doch, denn, und, oder), *und* ***Adverbien, mit denen wir Hauptsätze verbinden*** (deshalb, daher, dann, dort). *Ihre stilistische Wirkung ist unterschiedlich. Mit Hauptsatzkonjunktionen werden vollständige Sätze, durch die Gliedsatzkonjunktionen wird der jeweilige Teil eines anderen Satzes mit dem Gliedsatz verbunden.*

TIPP

Auf, über, hinter, unter, neben, durch, gegen, vor, ohne, zwischen, seit, bis … *sind* ***Präpositionen*** *(Verhältniswörter). Die Präposition gehört zu den unveränderlichen Wörtern. Sie bestimmt, in welchem Kasus (Fall) das Nomen und die Wörter vor dem Nomen stehen, nämlich immer entweder im Akkusativ* (Ich stelle den Tisch auf den Rasen), *Dativ* (Der Tisch steht auf dem Rasen) *oder Genitiv* (Der Tisch steht jenseits des Rasens).

1. *In den folgenden Sätzen fehlen Präpositionen (Verhältniswörter). Wähle passende aus und setze sie ein. Manchmal musst du auch die Artikel im richtigen Kasus ergänzen.*

Modefimmel

Meine Schwester ärgert sich ______ ihre Freundin. Sie steht dauernd ______ Spiegel. Ständig blättert sie ______ Modejournal. ______ Tisch stapeln sich die Journale. Jeden Tag legt sie ein neues ______ Tisch. Dann heißt es: „Das Top ist aus Leinen, die Jeans ist ______ Taschen. Ich kann mich ______ all den Kleidungsstücken nicht entscheiden.“ ______ dieses Verhaltens hat meine Schwester keine Lust mehr ______ Treffen ______ ihr. ______ jeder Modesendung gerät sie ______ Schwärmen. ______ jeder Modenschau will sie Model werden. Ihr größtes Glück wäre, wenn Claudia Schiffer ______ Tür träte. ______ diesen Umständen verliert sie noch ihre beste Freundin. Vielleicht kommt sie ja doch noch ______ Vernunft und sagt: „______ dich geht es nicht!“

2. *Ergänze den Tipp (s. o.) um die Präpositionen, die du in den Text eingesetzt hast.*

3. *Bilde mit den Präpositionen eigene Sätze und unterstreiche die verwendeten Präpositionen anschließend.*

Satzglieder im Überblick

TIPP

Jeder Satz besteht aus Satzgliedern, wie dem ***Subjekt****, dem* ***Prädikat****, dem* ***Objekt*** *und den* ***adverbialen Bestimmungen****. Das* ***Subjekt*** *(Satzgegenstand) steht im Nominativ. Man kann danach mit den Fragewörtern* Wer *oder* Was *fragen* (Ich koche gerne.) *Das* ***Prädikat*** *(Satzaussage) wird immer durch ein* ***Verb*** *gebildet. Es richtet sich in seiner Form nach dem Subjekt:* Ich koche, wir kochen, du kochst. *Das Prädikat besteht oft aus mehreren Teilen (Prädikatsklammer):* Ich habe gestern Nudeln gekocht. ***Objekte*** *(Satzergänzung) ergänzen das Prädikat. Sie stehen im* ***Akkusativ*** (wen?): Ich betrete den Raum, *im* ***Dativ*** (wem?): Er vertraut dem Freund, *und seltener im* ***Genitiv*** (wessen?): Er erinnerte sich des Vorfalls. *Mit* ***adverbialen Bestimmungen*** *lassen sich genauere Angaben machen. Wir unterscheiden folgende adverbiale Bestimmungen:*

- *des Ortes* (wo?): Ich treffe ihn im Kino.
- *der Zeit* (wann?): Ich treffe ihn heute Nachmittag.
- *der Art und Weise* (wie?): Ich treffe ihn gern.
- *des Grundes* (warum?): Ich treffe ihn, um mit ihm den Film zu sehen.

Die Berufsberaterin informiert die Schüler im Berufsinformationszentrum.

In Satzglieder aufgeteilt:

Die Berufsberaterin	informiert	die Schüler	im Berufsinformationszentrum.
Subjekt Wer? Was?	Prädikat	Akkusativ-Objekt Wen?	adverb. Bestimmung des Ortes Wo?

Sie	gibt	dem Lehrer	anschließend	eine Broschüre.
Subjekt Wer? Was?	Prädikat	Dativ-Objekt Wem?	adverb. Best. der Zeit Wann?	Akkusativ-Objekt Wen?

Sie	gibt	dem Lehrer	bereitwillig	eine Broschüre.
			adverb. Best. Art u. Weise Wie?	

Sie	gibt	dem Lehrer	zum Nachlesen	eine Broschüre.
			adverb. Best. des Grundes Warum?	

TIPP

Der ***Gleichsetzungsnominativ*** *ist eine Besonderheit, meist bei Verben wie* bleiben, heißen, werden *und* sein*:* Sie bleibt auf jeden Fall seine Freundin. *In diesem Satz gibt es zwei Satzglieder im Nominativ.*
Das ***präpositionale Objekt*** *hingegen ist von der adverbialen Bestimmung schwer zu unterscheiden. Während die Präposition zu der adverbialen Bestimmung gehört* (Er wohnt über dem Hausmeister). Wo? Über dem Hausmeister, *gehört beim präpositionalen Objekt die Präposition zum Verb.* Ich rede über den Film. Über wen redest du? Über den Film.

Sätze nach Satzgliedern ordnen

1. *Bestimme in den folgenden Sätzen die Satzglieder, indem du sie unterstreichst und jedes Satzglied mit den folgenden Abkürzungen markierst. Markiere ebenfalls die Prädikatsklammer oder schreibe P1, P2, P3 …*

Subjekt = S *Prädikat = P* *Akkusativ-Objekt = AO* *Dativ-Objekt = DO*
Präpositionales Objekt = PräpO *Adverbiale Bestimmung = Ad.Best./Z = Zeit, O = Ort G = Grund, AW = Art und Weise*

S P Ad.Best./Z P

Die Unwetterfront hat am Sonntag im Münsterland ihre Spuren hinterlassen.

Ein Blitz schlug in eine Scheune in Anholt ein.

Ein sich schnell ausbreitendes Feuer entwickelte sich.

Drei Bullen entwischten den Helfern während der Löscharbeiten.

Eines der Tiere verursachte in einer angrenzenden Gärtnerei einen hohen Sachschaden.

Das Feuer in der Scheune konnte schnell gelöscht werden.

Am Abend meldete das Wetteramt eine vorläufige Wetterberuhigung in der Region.

Aufgrund aktueller Wetterwarnungen rechnet die Feuerwehr erneut mit häufigen Einsätzen.

2. *Ordne den folgenden Sätzen das passende Satzmuster zu.*

☐	Ad.Best./AW	P	DO	S	Ad.Best./AW	P
☐	Gleichsetzungsnominativ	P	S			
☐	Präpositionales O	P	S	Präpositionales O		

1) Freiheit und Naturverbundenheit signalisiert das Zelten.

2) So können einem Ballermann und Co glatt gestohlen bleiben.

3) Mit einer Portion Abenteuerlust geht es in das etwas andere Wochenende.

TIPP

*Ein **Satzgefüge** (Hypotaxe) besteht aus einem **Hauptsatz** und einem **Gliedsatz** (Nebensatz) bzw. einem **Relativsatz**. Den Hauptsatz erkennt man daran, dass die Personalform des Verbs das zweite Satzglied im Satz ist. Im **Gliedsatz** und im **Relativsatz** steht die **Personalform des Verbs** hingegen am **Ende des Satzes**. Gliedsätze werden zumeist durch eine Konjunktion oder ein Relativpronomen eingeleitet.*

Hauptsatz — Gliedsatz

Mein Handy treibt mich in den Ruin, **weil** ich pausenlos **telefoniere**.

▼ *Verb an 2. Stelle* ▼ *Konjunktion* ▼ *Verb am Ende*

Relativsatz

Mein Handy, **das** mich in den Ruin treibt, ist immer im Einsatz. — Hauptsatz

▼ *Relativpronomen* ▼ *Verb am Ende*

1. *Unterstreiche die Hauptsätze rot, die Gliedsätze grün. Kreise die Konjunktionen ein und unterstreiche die Personalform des Verbs, um zu kontrollieren, an welcher Stelle es im Satz steht.*

Love-Parade

Ein Tross von Traumtänzern zog im Juli 1989 mit einem Lastwagen voller Musik über den Kurfürstendamm, weil Matthias Roeingh aus Spandau so seinen 29. Geburtstag feierte. Um jedem etwaigen Ärger aus dem Weg zu gehen, meldete er diese Aktion unter dem Motto „Friede, Freude, Eierkuchen" als Demonstration, die heute den Namen „Love Parade" trägt, an. Für viele Zuschauer war sein Motto zunächst eher sinnfrei, obwohl der DJ es näher erläuterte. Während „Friede" für Weltfrieden und Abrüstung stehe, bedeutet „Freude" für ihn Völkerverständigung durch Musik. „Eierkuchen", die er besonders mag, ist sein Symbol für eine gerechte Nahrungsverteilung. Als Dr. Motte wurde der Erfinder der Musik-Demo zum lebendigen Maskottchen der Veranstaltung, die an jedem zweiten Juli-Wochenende Millionen Raver nach Berlin lockt.

2. *Bilde Satzgefüge, indem du die Sätze durch Konjunktionen oder Relativpronomen miteinander verbindest. Achte auf die Kommasetzung.*

Mit einem Schuss schickt ein Maler seine Tiere ins Rennen. Es handelt sich um Kakerlaken.

Die Zuschauer feuern sie an. Sie haben auf sie gewettet.

Es gibt nämlich keine festen Termine. Der Andrang bei den Rennen ist groß.

TIPP

Attribute *(Beifügungen) bestimmen Nomen näher. Attribute sind daher Teile von Satzgliedern. Ein Attribut kann aus ... bestehen:*

- *einem* ***Adjektiv:*** das **tolle** Angebot
- *einem* ***Genitivattribut****:* das Angebot **des Supermarktes**
- *einem Nomen mit* ***Präposition****:* das Angebot in dem Supermarkt
- *einem* ***Relativsatz****:* das Angebot, **das der Supermarkt führt,** ...
- *einer* **Apposition***:* Das Angebot, **zwei Kisten für den Preis von einer**, ist günstig.

1. *Markiere in dem Text alle Attribute rot und die Nomen, die durch sie näher bestimmt werden, grün.*

Ror Wolf: Vor einiger Zeit ...

Vor einiger Zeit, vor etwa zwei Jahren, Ende Oktober, eines Tages, am Samstag, als ich von meiner Reise aus den nördlichsten Gebieten Alaskas, genauer aus Barrow, zurückkam, geriet ich in eine Abendgesellschaft, wo sich mir ein Mann mit der Miene eines guten Bekannten näherte. Er sah mich an, als wolle er sich nach meinem Befinden erkundigen, und begann zu reden. Die Geschichte, die er erzählte, war ein Beispiel aus den gehobenen Kreisen und tatsächlich so merkwürdig, dass sie hier Platz finden soll. Ein vom Schicksal hart hergenommener Mann beerbte seine Tante, eine Multimillionärin, die gerade gestorben war. Er war nun ein reicher Mann und hatte keine Sorgen mehr. Eines Tages nahm er ein Buch aus der Bibliothek seiner Tante und fand beim Herumblättern zwischen den Seiten einen Brief. In diesem Moment begann das Geheimnis seine zerstörende Wirkung zu entfalten, das Verhängnis nahm seinen Lauf. Schließlich, an einem ruhigen Winterabend, ging dieser Mann im Schnee elend zugrunde.

(aus: R. Wolf. Mehrere Männer. Zweiundachtzig ziemlich kurze Geschichten, zwölf Collagen und eine längere Reise. Darmstadt/Neuwied: Luchterhand 1987. S. 25)

2. *Schreibe den Text in dein Heft und ergänze verschiedene Attribute.*

Er ging an den Automaten und warf drei Münzen ein. Er hörte es rumpeln. Ein Pappbecher fiel auf das Rost. Ein Strahl Kaffeeflüssigkeit lief in den Becher, es klackte, der Strahl versiegte. Er nahm den Becher heraus, trank die Flüssigkeit in Schlucken, hörte es innen rumpeln, ein Pappbecher fiel auf das Rost, Kaffeeflüssigkeit lief hinein, es klackte. Er nahm den Becher, trank, hörte es innen rumpeln, ein Becher fiel, Flüssigkeit, es klackte. Er griff den Becher, hörte es rumpeln ...
Später fand man ihn. Vor dem Kaffeeautomaten. Der Hahn tropfte nur noch leicht.

(Nach Ralf Thenior: Der Fall; aus: Literaturmagazin 3. Reinbek: Rowohlt 1975)

TIPP

Um Texte zu verfassen, die Leser gerne lesen, ist es sinnvoll, den eigenen Schreibstil noch einmal zu überprüfen. Dabei helfen die ***Proben****:*
Mit der ***Umstellprobe*** *lassen sich Satzglieder eines Satzes umstellen. Du musst also nicht immer mit dem Subjekt beginnen. Durch die Umstellprobe kannst du auch herausfinden, wie ein Satz besonders gut an den vorherigen anschließt. Etwas, was du besonders betonen möchtest, kannst du so an den Anfang stellen:*
Jeden Tag konkurrieren die Artisten um die Gunst des Publikums.
Um die Gunst des Publikums konkurrieren die Artisten jeden Tag.
Die Artisten konkurrieren jeden Tag um die Gunst des Publikums.
Die ***Ersatzprobe*** *hilft, passende Ausdrücke zu finden und Wiederholungen zu vermeiden:*
Die Künstler konkurrieren jeden Tag um die Gunst des Publikums.
Die Artisten konkurrieren täglich um die Gunst des Publikums.
Mit der ***Weglassprobe*** *lassen sich Texte sinnvoll kürzen. Du kannst prüfen, welche Satzteile oder Satzglieder unbedingt notwendig oder aber überflüssig sind:*
Um die Gunst des ~~applaudierenden~~ Publikums konkurrieren die ~~fleißigen~~ Artisten jeden Tag.

1. *Überarbeite den Schülertext mithilfe der Proben in deinem Heft. Überlege, wo du etwas ersetzen, streichen oder umstellen kannst, damit der Text interessanter wird oder die Sätze sinnvoller verbunden werden können.*

„Bärlin“

Die Stadt heißt nicht Bärlin, aber überall sieht man Bären. An der Autobahn hocken die Bären auf grauen Betonpfoten. Vor der chinesischen Botschaft tänzelt ein schwarzweißer Bär. Bunt bemalt tummeln sich Bären auf dem Mittelstreifen der Straße „Unter den Linden“. Im Nikolaiviertel stößt man auf Bären aus Plüsch. Es gibt Bären als Andenken mit bunter Schärpe und Bären auf T-Shirts und Tassen. Bären sind auch die Stars bei der „Bärlinade“, der jährlichen Bären-Ausstellung. Das Geheimnis um Berlin und seine Bären ist bis heute nicht gelüftet. Bekannt ist nur, dass ein Bär in einem Siegel von 1280 zu sehen war.
Das kleine Boot schaukelt in der friedlichen Havel, der Besitzer liest unterm Sonnenschirm seine Zeitung, die Frau in Badekleidung plaudert mit dem Nachbarn von nebenan. Sie steht bis zum Bauch im warmen Wasser. Der Nachbar auch. An warmen Sonnentagen, wenn die Hitze wie im fernen Süden, beispielsweise wie in Spanien, auf der Stadt liegt, scheint sich außer den vielen Enten auf dem Wasser der Havel nichts mehr zu bewegen.
Ein Denkmodell, bei dem davon ausgegangen wird, dass man am und nicht im Wasser lebt, ist die „Wasserstadt Berlin“. Auf das Bedürfnis nach schwimmenden Häusern geht dieses Projekt zurück. Besichtigt sind die Entwürfe. Die Behörden sind jedoch noch nicht auf das Kommende eingestimmt. Bei den Restaurantschiffen und Ausflugskähnen bleibt es also, solange sich daran nichts ändert.

(nach: Falk Spirallo Reiseführer Berlin, Falk Verlag, Ostfildern, 1. Aufl. 2004, S. 10 u. 31)

TIPP

Unsere Sprache beinhaltet verschiedene Sprachvarianten: Ausgehend von der ***Standardsprache*** *(Hochsprache), die in der Öffentlichkeit und vor allem in den Medien verwendet wird, wird im alltäglichen mündlichen Sprachgebrauch meist die Umgangssprache benutzt. Sie orientiert sich zwar an der Standardsprache, wendet deren Regeln aber nicht streng an.* ***Dialekt*** *(Bayrisch, Sächsisch, Ruhrdeutsch, Plattdeutsch ...) wiederum wird in bestimmten Regionen gesprochen. Dialekte unterscheiden sich im Wortschatz und in der Lautung (Frikadelle, Bulette, Fleischpflanzerl). Die* ***Szene- und Jugendsprache*** *unterliegt einer ständigen und schnellen Veränderung, da immer wieder neue Ausdrücke, meist aus den Medien, gängig werden. Sie wird vor allem von Jugendlichen benutzt, die sich damit von der Erwachsenenwelt bzw. von anderen Szenegruppen (Techno, Surfer, Computer-Freaks, ...) abgrenzen wollen. Die* ***Fachsprache*** *wird unter Fachleuten eines bestimmten Bereiches (Medizin, Sport, Theater, ...) gesprochen. Durch die verwendeten Fachwörter, die unter Fachleuten keiner Erklärung bedürfen, wird schnell klar, worum es geht. Viele Fachwörter stammen aus Fremdsprachen (Diagnose, Time-Out, ...).*

1. *Notiere zu jeder Aussage, um welche Sprachvariante es sich handelt. Markiere die Abweichungen von der Standardsprache, an denen du dies erkannt hast.*

Nee, sowatt abba auch! Datt glaubse nich! Da hatt doch die Gerda 'n Krösken mitten Nachbarn.

Also ehrlich, da bin ich gestern wieder nach Sparkauf gegangen, um Angebote zu kaufen, weil die sind ja wirklich immer billig. Da steht da doch so ne Riesenschlange vor.

Wer schon als Kleinkind vom Fernseher verwöhnt und ruhig gestellt wurde, der schweigt offenbar auch, wenn er älter ist.

Die Schnalle kann man völlig vergessen. Die hatte offensichtlich so voll alles drauf, wo die Typen unheimlich drauf abfahren.

Bei der Ausführung des Eckstoßes darf die Eckfahne nicht entfernt oder verändert werden.

2. *Markiere die Wörter aus der Jugendsprache und übersetze sie in die Standardsprache.*

Das ist echt ein cooles Shirt!

Meine Güte, die nervt vielleicht!

Check doch mal, ob einer Bock auf die Disse hat!

TIPP

Kommunikation ist nicht immer einfach. Manchmal wird man missverstanden, weil der andere etwas ganz anders aufgefasst hat, als man tatsächlich gemeint hat. Das liegt daran, dass ein und dieselbe Äußerung Verschiedenes meinen kann. Der Zuhörer kann somit auch Verschiedenes verstehen. Nach dem Psychologen F. Schulz von Thun gibt es in der Kommunikation untereinander vier verschiedene Ebenen:

Selbstmitteilung (Das teile ich von mir mit: Gefühle, Hoffnungen)

***Ich** bin traurig.*

Appell (Das sollst du tun: Aufforderung)

***Bleib** doch noch!*

Schade, dass du gehst!

Sachinhalt (Darüber informiere ich dich: Gegenstände, Personen, Sachverhalte)

Ich zöge es vor, wenn du bliebest.

Beziehung (So stehe ich zu dir: Zuneigung, Abneigung)

*Ich mag **dich.***

1. *Notiere zu jeder Aussage, auf welcher Ebene was gemeint sein könnte.*

a) Nach der Rückgabe der Mathe-Arbeit äußert sich Alex in der Klasse so: „Herr Meier ist doch wirklich das Letzte!“

Selbstmitteilung: Ich bin enttäuscht über meine Note.

Appell:

Sachinhalt:

Beziehung:

b) Zu Hause sagt seine Mutter zu ihm: „Da hilft nur Üben!“

Selbstmitteilung:

Appell:

Sachinhalt:

Beziehung:

2. *Erläutere anhand der Ebenen, worin das Missverständnis liegt.*

Der Vater sagt zu seiner Tochter: Ich gehe jetzt spazieren. Die Tochter antwortet: Ich gehe aber nicht mit.
Herr Müller: Pass auf, da kommt ein Radfahrer! Frau Müller: Fährst du oder fahre ich?

Das kannst du jetzt

Du kannst ***Wortarten*** *unterscheiden:*

- ***Nomen*** *(Hauptwort, Substantiv): Gegenstände* (der Gürtel), *Lebewesen* (das Kind), *Sachverhalte* (der Mut), *Zustände* (der Frieden).
- ***Adjektive*** *(Eigenschaftswort):* klug, schön, einsam …
- ***Verben*** *(Tätigkeitswörter/Zeitwörter):* gehen, schreiben …
- ***Artikel*** *(Begleiter):* der, die, das, ein, eine …
- ***Personalpronomen*** *(persönliches Fürwort):* ich, du, wir, ihm, ihr, sie …
- ***Possessivpronomen*** *(besitzanzeigendes Fürwort):* mein, dein, unser, euer …
- ***Demonstrativpronomen*** *(hinweisendes Pronomen):* diese Version, jener Kunde, das war gut …
- ***Indefinitpronomen*** *(unbestimmte Pronomen):* irgendwelche, manche, jede, einige …
- ***Interrogativpronomen*** *(Fragepronomen):* wer, was, wohin, wo, wieso …
- ***Relativpronomen:*** die Küche, die …, der Mann, der …, das Haus, das …, die Familie, deren …
- ***Reflexivpronomen*** *(rückbezügliches Pronomen):* ich erinnere mich, er beeilt sich …
- ***Adverb*** *(Umstandswort):* heute, dort, gern, plötzlich, viel …
- ***Konjunktion*** *(Bindewort):* und, als, obwohl, denn, weil, ob …
- ***Präposition*** *(Verhältniswort):* in, auf, über, neben, zu, durch …
- ***Numerale*** *(Zahlwort):* eins, drei, hundert, viertel …
- ***Interjektion*** *(Ausrufewort):* Oh, Ah, Hmmm …

Nomen, Verb, Adjektiv, Artikel und Pronomen *sind flektierbar (veränderbar).*

Nomen *haben einen* ***Artikel*** *(Geschlechtswort). Man unterscheidet bestimmte Artikel* (der, die, das) *und unbestimmte Artikel* (ein, eine). *Sie kommen im Maskulinum* (der Kanister), *im Femininum* (die Brille) *und im Neutrum* (das Buch) *vor. Das Nomen kann durch ein Pronomen ersetzt werden.*

Verben *(Tätigkeitswörter/Zeitwörter) geben Tätigkeiten, Vorgänge und Zeiten an. Im Text stehen sie in Personalformen* (ich gehe, wir schreiben) *und in verschiedenen Tempus(Zeit)formen (Präsens, Präteritum, Perfekt, Plusquamperfekt, Futur). Man unterscheidet drei Zeitstufen: Vergangenes, Gegenwärtiges, Zukünftiges. Verben kommen normalerweise in der Form des* ***Aktiv*** *vor. Mit dem Aktivsatz wird der Blick auf die Person oder die Sache gerichtet,* ***die eine Handlung auslöst.*** *Der* ***Passivsatz*** *richtet den Blick auf die Person bzw. die Sache,* ***mit der etwas geschieht*** *oder auf die Handlung selbst. Mithilfe von Verben wird auch der* ***Konjunktiv*** *gebildet. Der* ***Konjunktiv II*** *wird verwendet, um Wünsche und Vorstellungen, also etwas Unwirkliches, zu äußern. Mit dem* ***Konjunktiv I*** *wird die* ***indirekte Rede*** *gebildet.*

Adjektive *(Eigenschaftswörter) bezeichnen Eigenschaften, Aussehen usw. Viele Adjektive lassen sich steigern.*

Personalpronomen *(persönliche Fürwörter) können anstelle eines Nomens stehen.*

Das ***Possessivpronomen*** *drückt die Zugehörigkeit zu jemandem oder etwas aus. Die Höflichkeitsformen* Ihr, Ihnen, Ihre, Ihrer *werden großgeschrieben.*

Das ***Demonstrativpronomen*** *weist auf etwas Bekanntes oder Bestimmtes hin.*

Indefinitpronomen *greifen aus einer Vielzahl von Personen usw. eine unbestimmte Menge heraus.*

Das ***Relativpronomen*** *leitet Relativsätze ein und bezieht sich auf ein vorausgehendes Nomen.*

Mit dem ***Interrogativpronomen*** *werden Fragen eingeleitet.*

*Das **Reflexivpronomen** bezieht sich meist auf das Subjekt des Satzes* (Sie beeilt sich).
*Mit **Adverbien** (Umstandswörtern) können bestimmte Angaben über die Zeit, den Ort, die Art und Weise oder den Grund gemacht werden. Sie erläutern die Umstände eines Geschehens genauer.*
***Konjunktionen** (Bindewörter) verknüpfen einzelne Wörter, Wortgruppen oder Sätze miteinander.*
***Präpositionen** (Verhältniswörter) geben nähere Hinweise auf räumliche, auf zeitliche oder kausale Verhältnisse.*

Satzglieder und Satzgliedbestimmung
*Jeder Satz besteht aus einzelnen Satzgliedern (Satzteilen), wie dem **Subjekt**, dem **Prädikat**, dem **Objekt** und den **adverbialen Bestimmungen**. Das **Subjekt** (Satzgegenstand) steht im Nominativ. Das **Prädikat** (Satzaussage) wird immer durch ein **Verb** gebildet. **Objekte** (Satzergänzungen) ergänzen das Prädikat. Sie stehen im **Akkusativ**, im **Dativ** und seltener im **Genitiv**.*
*Der **Gleichsetzungsnominativ** ist eine Besonderheit. In Sätzen mit Gleichsetzungsnominativ gibt es zwei Satzglieder, die im Nominativ stehen. Beifügungen heißen **Attribute**. Sie bestimmen Nomen näher. Ein Attribut kann aus einem **Adjektiv**, einem **Genitivattribut**, einem **Nomen mit Präposition**, einem Relativsatz oder einer Apposition bestehen. Mit adverbialen Bestimmungen (Umstandsbestimmungen) lassen sich zusätzliche Angaben zu Wörtern oder Satzteilen machen. Das **präpositionale Objekt** unterscheidet sich von der adverbialen Bestimmung dadurch, dass bei ihm die Präposition zum Verb gehört.*

*Wenn Hauptsätze durch nebenordnende Konjunktionen miteinander verbunden werden, ist dies eine **Satzreihe** (Parataxe). Ein **Satzgefüge** (Hypotaxe) dagegen besteht aus einem Hauptsatz und einem Gliedsatz (Nebensatz oder Relativsatz), der zumeist durch unterordnende Konjunktionen eingeleitet wird.*

*Mithilfe der **Umstellprobe**, der **Ersatzprobe** und der **Weglassprobe** können Texte stilistisch verändert werden. Die Umstellprobe hilft auch bei der Satzgliedbestimmung.*

Sprache als Mittel der Verständigung
*Als **Sprachvarianten** werden alle Abweichungen von der **Standardsprache** (Hochsprache) bezeichnet. Zu ihnen gehören die **Umgangssprache, Dialekte, Szene- und Jugendsprachen** sowie die **Fachsprachen**.*

*Innerhalb der **Kommunikation** unter Menschen kommt es auch zu Missverständnissen. Sprecher und Zuhörer nehmen das Gesagte auf unterschiedlichen Ebenen wahr. Ebenen der Wahrnehmung sind: die **Selbstmitteilung**, der **Appell**, der **Sachinhalt** und die **Beziehungsebene**.*

ÜBUNGSTIPP

Regeln oder Merksätze, die du nicht kennst, solltest du dir mit passenden Beispielen herausschreiben. Dazu hast du verschiedene Möglichkeiten:
1. Regelheft, 2. Lernkartei, 3. Lernposter

1. *Ordne die Wörter den Wortarten richtig zu.*

mein – obwohl – auf – zu – heute – dieser – selten – ständig – unser – ~~inzwischen~~ – außerdem – damit – nachdem – leider – jene – von – wenige – häufig – indem – seine – meisten – daher – beide – neben

Demonstrativpronomen	Adverbien	Präpositionen
	inzwischen	

Adjektive	Possessivpronomen	Konjunktionen

2. *Aus welchen Satzgliedern bestehen die folgenden Sätze? – Trage ein.*

Ich bleibe Schüler.

S

Die Schule bietet alles Wünschenswerte.

Gestern konnte ich mich während der Sportstunde im Schwimmbad erholen.

Um heute zu entspannen, sitze ich am Schreibtisch bei den Hausaufgaben.

3. *Spüre im Text die Attribute auf und unterstreiche sie.*

In den Großstädten Deutschlands nimmt der Verkehr immer mehr überhand. Für die Unmenge Autos, die dort angemeldet sind, finden sich immer weniger Parkplätze. Nach Auskunft der Polizei kommt es daher zu weitreichenden Verkehrsverstößen, die zunehmend härter geahndet werden. Der Polizeisprecher bedauert, dass die Autofahrer in den Großstädten anscheinend immer uneinsichtiger und dreister werden. So werden Bürgersteige, die im Ernstfall als Rettungswege wichtig sind, einfach gedankenlos zugeparkt.

4. *Bilde Satzgefüge, indem du die Sätze durch Konjunktionen oder Relativpronomen miteinander verbindest. Achte auf die Kommasetzung. Unterstreiche anschließend alle Gliedsätze.*

Musik war für Siri lebensnotwendig geworden. Stille ertrug sie kaum.

Sie hörte keine Melodien. Sie wurde unruhig.

Sie saß am schwarzen Konzertflügel. Sie vergaß alles um sich herum.

Sie musste dennoch täglich üben. Siri war ein Naturtalent.

Sie konnte denken. Sie spielte schon Klavier.

5. *Mache aus den Aktivsätzen Passivsätze. Überlege, wann du den Täter nennen musst und wann du ihn verschweigen kannst.*

Gestern Abend überfielen zwei der Polizei bekannte Jugendliche einen Supermarkt.

Sie erbeuteten Bargeld und Waren im Wert von einigen hundert Euro.

Diesen Wert gab der Filialleiter nach einer ersten Begutachtung an.

Vor dem Supermarkt erwartete die beiden Täter ein Komplize.

Ein Anwohner beobachtete ihn dabei.

Die Polizei konnte die Täter nach kurzer Verfolgung stellen.

6. *Formuliere anhand des Stichwortzettels im Konjunktiv II, wie sich Guido sein Leben im Jahr 2020 vorstellt: „Ich wäre Bankkaufmann …“*

Bankkaufmann – gehe zu Fortbildungen – Fachzeitschriften lesen –
eigenes Haus bauen – Oldtimer restaurieren – im Vorstand des Sportvereins –
Soziales Engagement im Umweltschutz zeigen

7. *Gib in der indirekten Rede wieder, was die Gesprächspartner sagen. Verwende dazu den Konjunktiv I.*

Karsten:	Ich war gestern bei der Berufsberatung und habe mich informiert.
Sarah:	Meinen Ausbildungsbetrieb habe ich durch mein Praktikum gefunden.
Karsten:	Leider hat mir mein Praktikum gar nicht gefallen. Ich hatte wohl falsche Erwartungen.
Sarah:	Je besser du informiert bist, desto leichter fällt dir die Berufsentscheidung.

Karsten sagt, er sei gestern

8. *Überarbeite die Sätze mithilfe der Umstellprobe, der Ersatzprobe und der Weglassprobe.*

Der Mann dachte immerzu an das Wort „Paradies“. Der Mann konnte an nichts anderes mehr denken als an zu Hause. (Ersatzprobe)

Der Mann lief durch zerstörte, menschenleere Straßen, wo ihm niemand begegnete. (Weglassprobe/Umstellprobe).

Es war dunkel geworden, und er setzte sich auf eine Bank. Seine Küchenuhr hielt er in den Händen, dachte nach und stand von der Bank auf. Hinter sich gelassen hatte er die schlimme Vergangenheit. (Weglassprobe/Umstellprobe).

9. *Markiere die Wörter, die nicht der Standardsprache entsprechen.*

Gell, die Computerfreaks werden auch immer irrer. Arbeitete man vor einiger Zeit noch mit Disketten, so ist heute der Brenner in. Tausende von CD-ROMs und DVDs werden so illegal getoastet. Heute verfügen alle Insider über die neueste Software, die coolsten Online-Games und beeindrucken damit ihre Chat-Partner. Gefühle werden nicht mehr literarisch vermittelt, sondern mittels Emoticons. Einfach völlig Banane!

BEWERTUNG

0 – 2	FEHLER:	SEHR GUT
3 – 6	FEHLER:	GUT
7 – 10	FEHLER:	BEFRIEDIGEND
11 – 14	FEHLER:	AUSREICHEND
ÜBER 14	FEHLER:	DU MUSST NOCH ÜBEN!

Das musst du wissen

Textplanung / Textaufbau

Egal, welches **Ziel** du mit deinem Text verfolgst: berichten, informieren, überzeugen, werten, appellieren ..., du solltest dir immer **Absicht und Adressat** klarmachen: **Warum schreibe ich? Was will ich erreichen? Wer liest? Wie soll der Leser den Text verstehen?** Du beginnst mit dem **Sammeln von Ideen**, die du ungeordnet aufschreibst: Cluster, Stoffsammlung ... Dann ordnest du dein Material (Mind Map, Stichwortzettel sortieren, Tabelle anlegen ...) und ergänzt es. Je nach Textart überlegst du dir einen Einstieg (Einleitung), planst den Hauptteil und rundest deine Ausführungen ab (Schluss).
Wenn du vorher Originaltexte bearbeitest, musst du diese zunächst erschließen:

- **Markieren / Unterstreichen:** Lies den Text und kennzeichne unbekannte oder unklare Begriffe, unterstreiche wichtige Aussagen und Schlüsselwörter.
- **Gliedern / Zwischenüberschriften:** Texte mit versch. inhaltlichen Aspekten gliederst du in verschiedene Absätze und schreibst Zwischenüberschriften an den Rand.
- **Exzerpieren / Zusammenfassen:** Um dir Textaussagen gut einprägen zu können, fertigst du ein Exzerpt (Zusammenfassung) in eigenen Worten an („Spickzettel").

Erzählung

In der **Einleitung** führst du in den **Ort**, das **Geschehen** und die **Zeit** ein und stellst die **Hauptpersonen** bzw. **Figuren** vor. Der **Hauptteil** beinhaltet den **Kern der Geschichte, die Handlung**. Der **Schluss** der Geschichte kann eine **Auflösung** bieten, aber auch **offen** sein. Entscheide dich für eine **Erzählperspektive**: Ich-Perspektive, Er- oder Sie-Perspektive (personale P.) oder allwissende Perspektive (auktoriale P.). Das Erzähltempus beim **schriftlichen Erzählen** ist in der Regel das **Präteritum**. Wenn sich der Leser das Geschehene genau vorstellen soll, musst du **anschaulich erzählen**. Das machst du mit treffenden Verben, Adjektiven und Stilmitteln (z. B. Vergleiche, Sprachbilder). Um eine Erzählung spannend zu gestalten, verwendest du Spannungsmacher: Vorausdeutungen, Verzögerungen, Wechsel der Perspektive, Wiederholung best. Motive, Benutzung von Pronomen, die erst später aufgelöst werden ... **Dramatik und Lebendigkeit** erreichst du durch die Darstellung von Gefühlen und Gedanken und die Verwendung wörtlicher Rede.

Beschreibung

Beschreiben musst du etwas, wenn jemand Gegenstände, Personen, Zustände oder Vorgänge nicht kennt bzw. sich diese nicht vorstellen kann. Es kommt also darauf an, sich in den Adressaten hineinzuversetzen. Um eine Vorstellung zu erzeugen, musst du **ganz genau** formulieren. Dies erreichst du z. B. durch treffende Adjektive, Vergleiche mit Bekanntem und zusammengesetzte Nomen. Wenn du z. B. einen verlorenen Gegenstand beschreibst, bleibst du sachlich; wenn du aber einem Freund einen Mitschüler beschreibst, bewertest du auch und zeigst Gefühle. Beschreibungen formulierst du im **Präsens**.

- **Gegenstand:** Neben der äußeren Form und den Eigenschaften solltest du erklären, wozu er dient, woraus er besteht und wie er funktioniert.
- **Person:** Zweck (Fahndung, Porträt ...) und Adressat (Freund, Firma ...) entscheiden, welche Angaben gemacht werden und welcher Schreibstil angemessen ist (sachlich, gefühlsbetont, ausführlich, ausschmückend ...). Oft ist auch entscheidend, wie der Beschreibende zu der Person steht (Beziehung). Manche Bereiche solltest du zusammenhängend beschreiben: Gesicht, Frisur, Kleidung ... Wenn du zudem Eigenschaften und Handlungsweisen der Person darstellst, schreibst du eine Charakteristik.
- **Vorgang:** Es ist wichtig, dass du einzelne Schritte in der richtigen Reihenfolge, genau

und vollständig, aber auch sachlich und knapp, beschreibst und erklärst. Fachbegriffe kannst du verwenden; du solltest schwierige Begriffe aber auch erklären. Je nachdem, ob du z. B. die Bastelanleitung, das Kochrezept ... selber ausprobiert hast, kannst du Ich-, Man-Formulierungen sowie das Passiv oder Infinitive für deinen Ausdruck wählen.

Zeitungstexte

- **Meldung / Nachricht:** Das Geschehen wird sachlich und knapp zusammengefasst; die journalistischen Leitfragen (W-Fragen) werden dabei beantwortet.
- **Bericht:** Berichtende Texte (Unfallbericht, Zeugenaussage ...) informieren knapp und präzise und beschränken sich auf Tatsachen. Sie enthalten keine Gefühle und Wertungen. Zumeist wird die richtige zeitliche Reihenfolge der Ereignisse eingehalten. Ein Bericht enthält in der Regel Antworten auf die sogenannten W-Fragen: Was?, Wer?, Wo?, Wann?, Wie?, Warum?, Welche Folgen? Bei schriftlichen Berichten benutzt du das Präteritum; Vorzeitigkeit wird durch das Plusquamperfekt ausgedrückt.
- **Reportage:** Reportagen sind zwar auch informierende Texte und geben Antworten auf die W-Fragen, doch es wird meist aus einer persönlichen Perspektive berichtet. Es dürfen also auch Gedanken, Gefühle sowie spannungssteigernde Ausdrücke und Wertungen enthalten sein. Dabei gehen berichtende, erzählende und beschreibende Passagen fließend ineinander über, um atmosphärische Stimmungen zu erzeugen.
- **Kommentar:** Ein Kommentar informiert nicht nur, sondern der dargestellte Sachverhalt wird auch bewertet. Es wird argumentativ für die eigene Position geworben.

Inhaltsangabe / Zusammenfassung

Mit einer **literarischen Inhaltsangabe** informierst du knapp über den Inhalt von Texten, über Handlungszusammenhänge und Begründungen. In der **Einleitung** nennst du: Titel, Autor, Erscheinungsjahr und Textart. Du informierst über Personen, Ort und Zeit des Geschehens und gibst einen Überblick über den Handlungsverlauf. Im **Hauptteil** fasst du das Wesentliche knapp und in eigenen Worten zusammen. Nicht immer musst du die chronologische Reihenfolge des Originaltextes einhalten, denn es wird nicht nacherzählt. Der **Schlussteil** kann eine persönliche Stellungnahme enthalten. Er trifft Aussagen zur Überschrift, zu Besonderheiten der Sprache, zum Ausgang der Geschichte und zur Erzählabsicht des Autors. Du formulierst im **Präsens** und benutzt die **indirekte Rede**. Außerdem verwendest du die **3. Person**, nicht die erste (ich). Bei der Zusammenfassung eines **Sachtextes** stellst du die wesentlichen Gedanken des Textes zusammen.

Argumentation / Erörterung

Beim Argumentieren versuchst du, deine Meinung überzeugend zu begründen. Du stellst eine **These** auf, d. h. eine Aussage, die behauptenden, wertenden oder empfehlenden Charakter haben kann. Diese These stützt du durch **Argumente** und durch Beispiele und Belege. Argumente können **Fakten-, Wert- oder Autoritätsargumente** sein. Argumentationen können **linear** (gradlinig) oder **dialektisch** (Pro und Kontra) angelegt sein. Argumentieren musst du z. B. in Kommentaren, Disskussionen, Leserbriefen ...

Satirische Texte

Satiren und **Karikaturen** stellen zumeist auf spöttische Weise menschliche Schwächen oder Missstände im öffentlichen Leben dar, um sie **indirekt zu kritisieren**. Sie wirken aufgrund von Über- oder Untertreibung häufig zugleich komisch. **Parodien** ahmen Formmerkmale anderer Texte nach und füllen sie mit anderem Inhalt. Ziel ist ebenfalls meist Spott, um Kritik z. B. an der Aussage des Textes zu üben.

TIPP

*Die **Kurzgeschichte** hat ihren Ursprung in der amerikanischen „short story“ und gehört zu den epischen Texten. Sie beginnt meist unmittelbar mit der Handlung und hat häufig ein offenes Ende. Die Handlung beschränkt sich auf eine einzelne alltägliche, jedoch oft bedeutsame Situation. Dementsprechend sind die Personen in der Kurzgeschichte gewöhnliche Menschen, wie man sie täglich trifft. Die Sprache der Kurzgeschichte ist gekennzeichnet durch prägnante Sachlichkeit.*

Wenn du dich mit dem Inhalt einer Kurzgeschichte intensiv auseinandersetzen willst, etwa um jemandem dein Textverständnis zu erläutern, musst du Genaueres über den Text sagen können. Daher solltest du dir vorab Notizen zu folgenden Punkten machen:

- ***Inhalt** (Personen, Ort, Zeit, Handlung):*
  *Von welchen **Personen** ist die Rede? Was erfährt man über sie? Wo spielt die Geschichte? Wie wird der **Ort** beschrieben? Zu welcher **Zeit** spielt die Geschichte? Wovon **handelt** die Geschichte (Handlungsverlauf)? ...*
- ***Aufbau:***
  Wie beginnt bzw. endet die Geschichte (unmittelbarer Anfang / offener Schluss)? Aus welcher Perspektive wird die Geschichte erzählt? Sind Zeitsprünge oder überraschende Wendungen vorhanden? ...
- ***Erzählweise:***
  Gibt es Auffälligkeiten bei der Wortwahl oder dem Satzbau (Dialekt, Fremdwörter, wörtliche Rede ...)? Enthält der Text Sprachbilder, die zu deuten sind (Metaphern, Personifikationen)? In welcher Zeitform wird erzählt? Aus welcher Perspektive wird erzählt (Ich-P., personale P., auktoriale P.)? Enthält die Geschichte wörtliche Rede? ...
- ***Deutungsmöglichkeiten/Bewertung:***
  Welche Aussage beinhaltet die Kurzgeschichte? Woran kann diese festgemacht werden? Entspricht die Aussage des Textes deiner Meinung? Wie bewertest du das Verhalten der Personen?

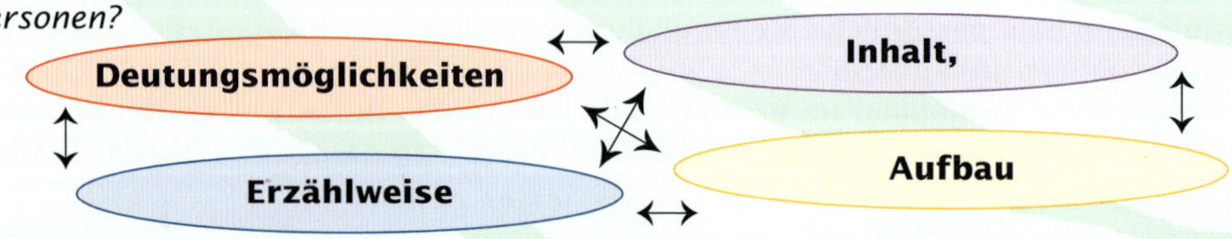

*Eine **schriftliche Analyse** besteht aus drei Teilen, einer **Einleitung**, einem **Hauptteil** und einem **Schlussteil**:*

*A) In der **Einleitung** nennst du den **Titel**, den **Autor** und die **Textsorte**. In einem Satz gehst du kurz auf das **Thema** des Textes ein und formulierst eine erste Deutungshypothese.*

*B) Der **Hauptteil** ist der wichtigste Teil der Analyse. Darin untersuchst du den Text genauer. Dabei beziehst du dich auf die oben genannten Punkte zum Inhalt, zum Aufbau etc. Am aussagekräftigsten ist deine Untersuchung, wenn du einzelne Punkte miteinander verknüpfst oder sie aufeinander beziehst. Demnach stehen Aussagen zum Inhalt und zur Form nicht isoliert voneinander. Deine Aussagen musst du am Text belegen. Führe Zitate an bzw. gib die Zeile an, auf die du dich beziehst.*

*C) Im **Schlussteil** greifst du besonders wichtige Punkte der Analyse noch einmal auf und fasst sie zu einer Gesamtdeutung zusammen. Nimm dazu auch persönlich Stellung.*

Zur Überarbeitung vgl. Hilfen und Übersichten S. 104.

1. *Analysiere die folgende Kurzgeschichte. Gehe dabei schrittweise vor:*
A) Wie verstehst du den Text? Halte deine ersten Eindrücke schriftlich fest.

Peter Bichsel: San Salvador (1964)

Er hatte sich eine Füllfeder gekauft. Nachdem er mehrmals seine Unterschrift, dann seine Initialen, seine Adresse, einige Wellenlinien, dann die Adresse seiner Eltern auf ein Blatt gezeichnet hatte, nahm er einen neuen Bogen, faltete ihn sorgfältig und schrieb: „Mir ist es hier zu kalt“, dann „ich gehe nach Südamerika“, dann hielt er inne, schraubte die Kappe auf die Feder, betrachtete den Bogen und sah, wie die Tinte eintrocknete und dunkel wurde (in der Papeterie* garantierte man, dass sie schwarz werde), dann nahm er seine Feder erneut zur Hand und setzte noch großzügig seinen Namen Paul darunter. Dann saß er da. Später räumte er die Zeitungen vom Tisch, überflog dabei die Kinoinserate, dachte an irgendetwas, schob den Aschenbecher beiseite, zerriss den Zettel mit den Wellenlinien, entleerte seine Feder und füllte sie wieder. Für die Kinovorstellung war es jetzt zu spät.

Die Probe des Kirchenchores dauert bis neun Uhr, um halb zehn würde Hildegard zurück sein. Er wartete auf Hildegard. Zu all dem Musik aus dem Radio. Jetzt drehte er das Radio ab.

Auf dem Tisch, mitten auf dem Tisch, lag nun der gefaltete Bogen, darauf stand in blauschwarzer Schrift sein Name Paul. „Mir ist es hier zu kalt“, stand auch darauf.

Nun würde also Hildegard heimkommen, um halb zehn. Es war jetzt neun Uhr. Sie läse seine Mitteilung, erschräke dabei, glaubte wohl das mit Südamerika nicht, würde dennoch die Hemden im Kasten zählen, etwas müsste ja geschehen sein. Sie würde in den „Löwen“ telefonieren. Der „Löwen“ ist mittwochs geschlossen. Sie würde lächeln und verzweifeln und sich damit abfinden, vielleicht. Sie würde sich mehrmals die Haare aus dem Gesicht streichen, mit dem Ringfinger der linken Hand beidseitig der Schläfe entlangfahren, dann den Mantel aufknöpfen.

Dann saß er da, überlegte, wem er einen Brief schreiben könnte, las die Gebrauchsanweisung für den Füller noch einmal – leicht nach rechts drehen – las auch den französischen Text, verglich den englischen mit dem deutschen, sah wieder seinen Zettel, dachte an Palmen, dachte an Hildegard. Saß da. Um halb zehn kam Hildegard und fragte: „Schlafen die Kinder?“

Sie strich die Haare aus dem Gesicht.

(aus: Peter Bichsel, Eigentlich möchte Frau Blum den Milchmann kennenlernen. 21 Geschichten, © Suhrkamp Verlag Frankfurt am Main 1993)

* Papeterie: Papierwarenhandlung

B) Erschließe die Kurzgeschichte mithilfe der Checkliste von Seite 58. Stelle deine Notizen in Form einer Mind Map dar:

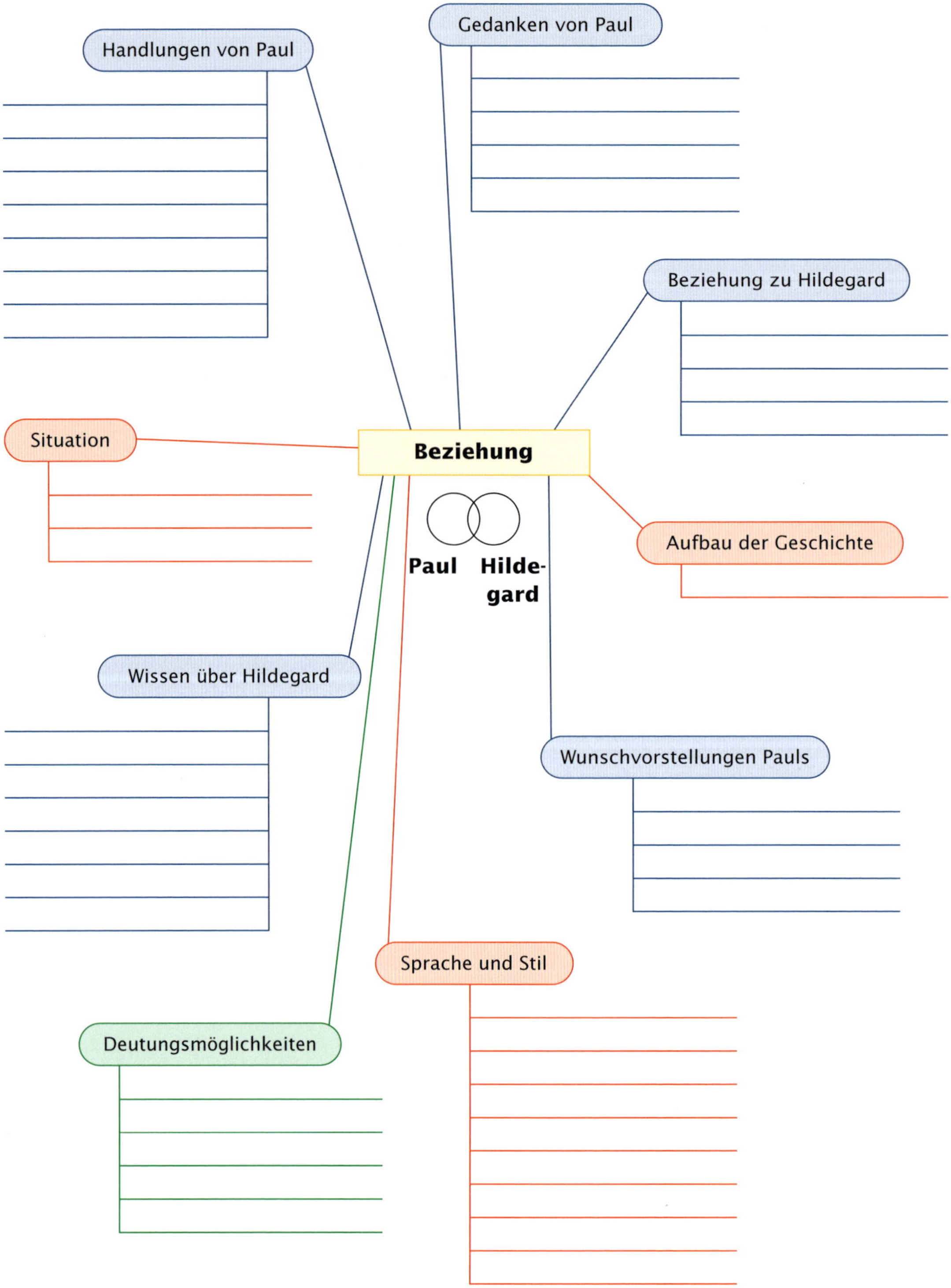

(vgl. S. 107/108 im Anhang)

C) Schreibe eine passende Einleitung zu der Analyse der Kurzgeschichte.

Die Kurzgeschichte „San Salvador“ von ...

D) Für den Hauptteil zu Bichsels Kurzgeschichte hat sich ein Schüler bereits Notizen und Anmerkungen gemacht. Überprüfe seine Notizen und überarbeite sie: Streiche die Stellen, mit denen du nicht einverstanden bist, ergänze eigene Beobachtungen, belege die Aussagen mit Textbeispielen.

- Hauptperson „Paul“
- Gedanken (Mir ist es hier zu kalt) und planlose Handlungen (Aufräumen) werden beschrieben (Wen interessiert das?)
- wartet auf Hildegard, will ins Kino gehen
- träumt von Südamerika → San Salvador ist doch Mittelamerika!!!
- hat falsche Vorstellungen von San Salvador (Palmen)
- San Salvador = Flucht, Flucht vor Hildegard / Alltag? → Eintönigkeit, Kommunikationsunfähigkeit, kalte Beziehung oder urlaubsreif
- scheint Hildegard gut zu kennen (siehe Gesten / Verhalten!), Hildegard scheint von Paul weniger zu wissen (Beispiel suchen)
- Satzbau wirkt langweilig (meist Parataxe, wenig Hypotaxe) → So wie Pauls Leben?
- viele Aufzählungen, Wiederholungen (Beispiel ergänzen!)
- Paul führt einen inneren Monolog
- Symbole: Palmen = Wärme, Exotik
- 3. P. Sg.: Erzählperspektive
- Konjunktiv II („würde-Form“ – heißt das nicht, dass er gar nicht vorhat zu gehen?)
- Würde er vielleicht auch gerne mit Hildegard in Urlaub fahren?

E) Schreibe nun anhand der überarbeiteten Notizen den Hauptteil in ein Heft.
F) Für die komplette Analyse fehlt noch der Schlussteil. Wie deutest du die Kurzgeschichte? Beziehe dich auf deine Analysepunkte und schreibe den Schluss.

TIPP

Im ***Schlussteil*** *hast du verschiedene Möglichkeiten, um deinen eigenen Standpunkt zur Textaussage darzulegen:*

- *Du kannst dich zu dem Verhalten der Personen äußern bzw. es bewerten.*
- *Du kannst ähnliche Situationen, die du mit dem Text verbindest, nennen und die Bezüge erläutern.*

Mit der Kurzgeschichte „San Salvador“ will Peter Bichsel zeigen, dass

ÜBUNGSTIPP

Nicht nur die schriftliche Analyse lässt eine intensive Auseinandersetzung mit Kurzgeschichten zu, sondern es gibt auch andere produktive Möglichkeiten, um sein Textverständnis darzulegen.
Du kannst beispielsweise die Kurzgeschichte aus der Sicht einer der handelnden Personen wiedergeben, einen Tagebucheintrag aus der Sicht einer der Personen verfassen, den Inhalt und auch die Deutung in Form eines Fotoromans darstellen oder die Wünsche und Vorstellungen der Personen in einem Gespräch wiedergeben ...

2. *Erprobe eine produktive Umsetzung der Kurzgeschichte, indem du eine der folgenden Möglichkeiten auswählst und bearbeitest:*

- Paul schreibt einen Abschiedsbrief an Hildegard, indem er ihr sein Weggehen erläutert und auf die Probleme in ihrer Beziehung eingeht.
- Schreibe eine Vorgeschichte, in der erläutert wird, was Paul dazu getrieben hat, über einen Weggang nachzudenken.
- Paul schreibt vor dem Zubettgehen in sein Tagebuch, was ihm am Abend durch den Kopf gegangen ist und warum er seine Familie doch nicht verlassen hat.

TIPP

Das wichtigste Merkmal aller lyrischen Texte ist die gebundene Sprache in ***Versen****. Die Zeilenenden werden vom Verfasser bewusst gesetzt. Zumeist wird der Text in verschiedene* ***Strophen*** *unterteilt. Lyrische Texte zeichnen sich außerdem durch ihre* ***sprachliche Dichte*** *aus. Eine Vielzahl* ***sprachlicher Gestaltungsmittel*** *wird mit bestimmten* ***Formmerkmalen*** *verknüpft, um eine unverwechselbare Wirkung zu erzielen. (Eine Übersicht über rhetorische Figuren und Stilmittel findest du auf den S. 107/108 im Anhang.)*
Im Laufe der Jahrhunderte haben sich verschiedene thematische Schwerpunkte ergeben: ***Natur-, Großstadt-, Erlebnis-, Liebes-, Gedankenlyrik und politische Lyrik****.*
Viele Gedichte weisen ein Reimschema auf: Paarreim (aabb), Kreuzreim (abab), umarmender Reim (abba), Schweifreim (aabccb), dreifache Reimreihe (abcabc).
Häufig sind die Verse eines Gedichtes auch vom ***Sprechrhythmus*** *her nach einem* ***Metrum****, Versmaß genannt, gegliedert. Mit „Metrum" ist die Abfolge von betonten und unbetonten Silben gemeint. In Anlehnung an die Antike gibt es folgende Muster: Jambus (xx́), Trochäus (x́x), Daktylus (x́xx), Anapäst (xxx́). Unbetonte Silben am Versende nennt man* ***weibliche Kadenz****, betonte* ***männliche Kadenz****. Folgen in einem Vers bspw. vier vollständige Jamben aufeinander, so benennst du das Metrum folgendermaßen: „vierhebiger (viertaktiger) Jambus mit männlicher Kadenz". In der* ***Modernen Lyrik*** *wird häufig auf traditionelle Formmerkmale wie Reimbindung und strenges Metrum verzichtet.*
Den Sprecher bzw. die Sprecherin eines Gedichts nennt man ***lyrisches Ich****. Es vermittelt Gedanken, Gefühle und Beobachtungen, ist aber nicht mit dem Autor gleichzusetzen.*

Viele Gedichtformen sind dir sicher im Unterricht schon einmal begegnet, zum Beispiel:

Ballade	In Strophen gegliederte, längere Gedichtform mit Reim und Tendenz zu festem Metrum. Zumeist werden in ihr handlungsreiche Geschichten erzählt. Episches, Lyrisches und Dramatisches werden verbunden. Beispiel: J. W. von Goethe: Der Zauberlehrling
Bänkelsang	Auf Jahrmärkten oder Marktplätzen vorgetragene Lieder über außergewöhnliche oder schauerliche Begebenheiten (Moritat). Der Sänger stand zumeist auf einer Bank und zeigte Bilder zum Inhalt. Im 20. Jh. wird im Chanson, Folk- oder Protestsong diese Form wieder aufgegriffen. Beispiel: Bertolt Brecht: Mackie Messer
Konkrete Poesie	Neu-Kombination von sprachlichen Elementen (Wörter, Silben, Buchstaben) als visuelle oder akustische Gestalten unter Verzicht auf jegliche Aussage. Beispiel: Ernst Jandl: ottos mops
Lied	In Strophen gebaute Gedichtform mit kurzen Versen und Reimbindung. Reim und Metrum werden oft nicht streng durchgehalten. Zum Teil ist ein Refrain (Kehrreim) zu finden, eine regelmäßige Wiederholung von Versen in bestimmten Abständen. Beispiel: Volkslieder
Haiku	Kürzeste und konzentrierteste Gedichtform aus der japanischen Tradition, die aus drei Versen besteht: 5-7-5 Silben.
Sonett	Gedichtform aus Italien, die in ihrer Grundform aus zwei Quartetten (vierzeilige Strophe) und zwei Terzetten (dreizeilige Strophe) besteht. Das Reimschema ist in der Regel: abba / abba / cdc / cdc. Beispiel: R. M. Rilke: Sonette an Orpheus
Song	Zumeist aktuelle politische und zeitkritische Liedgattung mit Strophenaufbau und Refrain. Beispiel: Wolf Biermann: Arbeitslos

ANALYSE EINES GEDICHTES

Erich Kästner war ein deutscher Schriftsteller, der 1899 in Dresden geboren wurde und 1974 in München verstarb. 1933, zur Zeit des Nationalsozialismus, wurden seine Bücher als „zersetzend" verboten und verbrannt. Er blieb aber in Deutschland und veröffentlichte im Ausland seine satirische „Gebrauchslyrik", aggressive Kabarettbeiträge, Dramen, Drehbücher, Romane und Kinderbücher. Er galt als zeitkritischer Moralist und Humanist.

Sachliche Romanze von Erich Kästner (1928)

x́ x x / x́ x x / x́ x / x x

Als sie einander acht Jahre kannten	a	Ehepaar / Freunde
(und man darf sagen: sie kannten sich gut),	b	eingeschobener Kommentar / lyr. Ich
kam ihre Liebe plötzlich abhanden.	a	(Assonanz, unreiner Reim)
Wie andern Leuten ein Stock oder Hut.	b	Vergleich, banalisierend / Welche Auffassung von Liebe steckt dahinter? Zeilenstil: Satz- und Versende gleich
Sie waren traurig, betrugen sich heiter,		Verhalten / Paradoxon
versuchten Küsse, als ob nichts sei,		
und sahen sich an und wussten nicht weiter.		
Da weinte sie schließlich. Und er stand dabei.		traurige Atmosphäre / Gleichgültigkeit
Vom Fenster aus konnte man Schiffen winken.		
Er sagte, es wäre schon Viertel nach Vier		
und Zeit, irgendwo Kaffee zu trinken.		unbestimmte Angabe → gleichgültig
Nebenan übte ein Mensch Klavier.		
Sie gingen ins kleinste Café am Ort		Enjambement (Zeilensprung)
und rührten in ihren Tassen.		
Am Abend saßen sie immer noch dort.		
Sie saßen allein, und sie sprachen kein Wort		Kommunikationsstörung
und konnten es einfach nicht fassen.		

Schreibe deine ersten Eindrücke von dem Gedicht auf: Wie verstehst du es?

TIPP

*Um ein Gedicht analysieren und interpretieren zu können, solltest du als **Vorarbeit** die wichtigsten **formalen und sprachlichen Elemente** erschließen. Aus ihren Beziehungen untereinander ergeben sich dann **Wirkung und Deutung**. Manchmal musst du auch den **Entstehungshintergrund** bedenken, denn er liefert dir Zusatzinformationen, die für das Verständnis von Bedeutung sein können.*

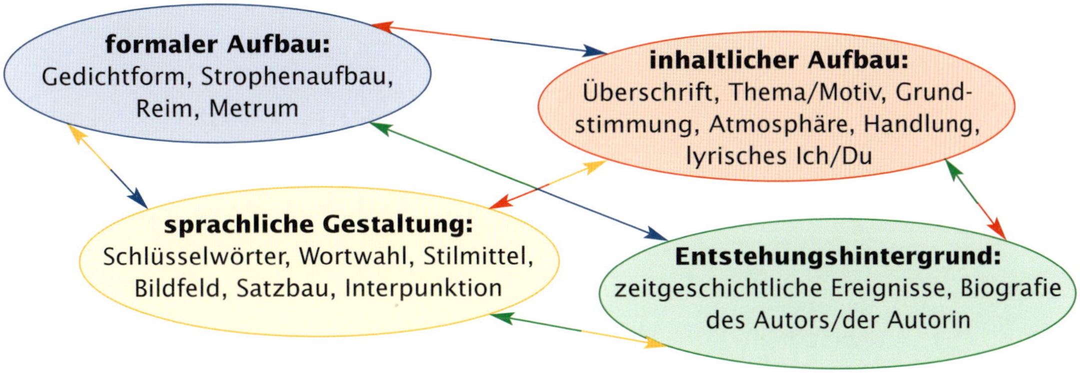

2. *Erschließe den Text von Kästner: Überprüfe dazu die Anmerkungen zum Gedicht. Streiche das, was dir nicht sinnvoll erscheint, und ergänze eigene Beobachtungen zum Aufbau und zur sprachlichen Gestaltung. Benutze unterschiedliche Farben.*

3. *Füge in die vorgegebene Gliederung eigene Beobachtungen und Schlussfolgerungen stichwortartig ein. Übertrage bei Platzmangel die Tabelle auf ein Extra-Blatt.*

Aufbau	Merkmale	Formulierungsbeispiele
Einleitung	Angaben zu Titel, Autor, Erscheinungsjahr, Thema, Deutungshypothese	– Erich Kästner: Sachliche Romanze (1928) – zeitkritischer Moralist und Humanist; veröffentlichte „Gebrauchslyrik" – Kästner stellt eine triste Beziehung zwischen Mann und Frau dar, die sich, obwohl ihr Alltag durch mangelnde Kommunikation und Gewohnheit bestimmt wird, ihr liebloses Verhältnis nicht eingestehen wollen
Hauptteil	Entfaltung der Analyse durch Verknüpfung der formalen, sprachlichen und inhaltlichen Beobachtungen und Schlussfolgerungen;	– 3 Quartette + 1 Quintett – zwar unregelmäßiges Metrum, doch aufgrund des Reimschemas (Kreuzreim) und der ähnlichen Silbenanzahl in den Versen wirkt das Gedicht rhythmisch – Satzbau (Zeilenstil und Parataxen) unterstützt den eintönig wirkenden Tagesablauf – Verwendung der Konjunktion „und" (Z. 2, 7, 8 etc.) vermittelt den Eindruck von Gewohnheit und lässt keine Spontaneität zu – Situation im Café lässt den trügerischen Eindruck einer „Scheinromantik" entstehen (Z. 9: „[...] konnte man Schiffen winken")

Aufbau	Merkmale	Formulierungsbeispiele
	Zitate und Belege unterstützen die Aussagen	– Resignation wird deutlich durch Nennung von Nebensächlichem (Z. 12) – es wird aus einer Beobachterperspektive geschildert; Beobachter kommentiert (Z. 2), das wirkt ironisch, vielleicht sogar zynisch – Überschrift = Oxymoron
Schluss	Formulierung der Gesamtaussage; Bewertung dieser oder Anmerkungen zur Gestaltung etc.	–

TIPP

*Beim **Ausformulieren** einer Gedichtanalyse bringst du die Ergebnisse deiner Vorarbeit in einen **schlüssigen und zusammenhängenden Gedankengang.** Dazu fasst du ähnliche Beobachtungen zusammen, beschreibst ihre Wirkung und belegst deine Feststellungen mit Zitaten und Belegen (vgl. S. 25). Du formulierst im Präsens.*

4. *Schreibe eine eigene Gedichtanalyse in deine Kladde oder auf ein Extrablatt. Orientiere dich dazu an den Ergebnissen aus Aufg. 3. Ergänze Überleitungen und Verknüpfungen.*

5. *Überprüfe am Schluss deinen eigenen Text (vgl. auch S. 104):*
- *Hast du ihn sinnvoll gegliedert?*
- *Ist für den Leser erkennbar und nachvollziehbar, wie und warum du etwas so empfunden und verstanden hast?*
- *Wird klar, welche Bedeutung Form und Sprache des Textes für die Intention haben?*
- *Hast du deine Beobachtungen und Schlussfolgerungen durch Zitate und Belege untermauert?*

ÜBUNGSTIPP

Zum Üben kannst du dir jedes beliebige Gedicht heraussuchen und ebenso verfahren. Ein weiteres Gedicht von Erich Kästner findest du im Lösungsteil S. 115 Den Beginn einer Analyse, die ein Schüler dazu geschrieben hat, kannst du auf S. 27 nachlesen.

Am 27. Januar 1945 befreite die Rote Armee das Konzentrationslager Auschwitz-Birkenau. In diesem und weiteren Vernichtungslagern haben die Nationalsozialisten und ihre Helfershelfer Millionen Kinder, Frauen und Männer ermordet: mit Gas erstickt, ausgehungert, totgeschlagen und erschossen. Ehemalige Gefangene, Staats- und Regierungschefs sowie hochrangige Repräsentanten aus 44 Staaten gedenken zum 60. Jahrestag dieser Opfer des größten Völkermordes der Geschichte. So auch der ehemalige Bundeskanzler Gerhard Schröder, der mit seiner Rede im Deutschen Theater Berlin am 25. Januar 2005 an die Befreiung des Konzentrationslagers vor 60 Jahren erinnerte.
An dieser Gedenkveranstaltung des Internationalen Auschwitz Komitees nahmen auch ehemalige Häftlinge und Jugendliche aus verschiedenen europäischen Ländern teil.

„Verehrte Überlebende von Auschwitz-Birkenau, meine sehr verehrten Damen und Herren! Ich danke dem Internationalen Auschwitz Komitee für die Einladung, zu Ihnen sprechen zu dürfen. Ich glaube, dass diese Einladung nicht selbstverständlich ist, auch jetzt noch nicht. Uns Deutschen stünde es gut an, angesichts des größten Menschheitsverbrechens zu schweigen. Vor der absoluten Moral- und Sinnlosigkeit des millionenfachen Mords droht die politische Sprache zu versagen. Wir möchten das Unfassbare begreifen, das doch jede menschliche Vorstellungskraft übersteigt. Vergeblich suchen wir nach letzten Antworten.
Was bleibt, sind die Zeugnisse der wenigen Überlebenden und ihrer Nachfahren.
Was bleibt, sind die Reste der Mordstätten und die historischen Dokumente.
Was außerdem bleibt, ist die Gewissheit, dass sich in den Vernichtungslagern das Böse selbst gezeigt hat.
Das Böse ist danach keine politische oder wissenschaftliche Kategorie mehr. Aber wer könnte nach Auschwitz daran zweifeln, dass es existiert und dass es sich in dem hassgetriebenen Völkermord des Nationalsozialismus offenbart hat? Dies festzustellen, bedeutet nicht, in die alte Rede vom „Dämonen Hitler“ auszuweichen. Das Böse der Nazi-Ideologie war nicht voraussetzungslos. Die Verrohung des Denkens und die moralische Enthemmung hatten sehr wohl eine Vorgeschichte. Vor allem aber: Die Nazi-Ideologie war menschengewollt und menschengemacht.
Meine Damen und Herren,
im 60. Jahr nach der Befreiung von Auschwitz durch die Rote Armee stehe ich vor Ihnen als Repräsentant des demokratischen Deutschlands. Ich bekunde meine Scham angesichts der Ermordeten und vor allem vor Ihnen, die Sie die Hölle der Konzentrationslager überlebt haben. Chelmno, Belzec, Sobibor, Treblinka, Maidanek und Auschwitz-Birkenau sind Namen, die mit der Geschichte der Opfer, aber auch mit der europäischen und der deutschen Geschichte für immer verbunden sein werden. Das wissen wir.
Wir tragen diese Bürde in Trauer, aber auch in ernster Verantwortung.

Zu dieser Verantwortung steht die Bundesrepublik seit geraumer Zeit mit ihrer Politik und auch mit ihrer Justiz, getragen vom Rechtsbewusstsein ihrer Bürgerinnen und Bürger. [...]
Vor dem Antisemitismus der Unbelehrbaren werden wir sie [die jüdische Gemeinschaft] mit der Macht des Staates schützen. Dass es Antisemitismus immer noch gibt, das ist nicht zu leugnen. Ihn zu bekämpfen, ist Aufgabe der ganzen Gesellschaft. Nie wieder darf es den Antisemiten gelingen, jüdische Bürger, nicht nur unseres Landes, zu bedrängen, zu verletzen und damit Schande über unsere Nation zu bringen. Den rechtsextremen Kräften, ihren dumpfen Parolen und Schmierereien gilt gewiss die besondere Aufmerksamkeit der Polizei, des Verfassungsschutzes und auch der Justiz. Aber die Auseinandersetzung mit Neonazis und Altnazis müssen wir alle miteinander politisch führen. Es ist gemeinsame Pflicht aller Demokraten, der widerlichen Hetze der Neonazis und den immer neuen Versuchen, die Nazi-Verbrechen zu verharmlosen, entschieden entgegenzutreten. Für die Feinde von Demokratie und Toleranz darf es keine Toleranz geben.
Meine Damen und Herren,
die Überlebenden von Auschwitz fordern uns auf, wachsam zu sein, nicht wegzuschauen und nicht wegzuhören. Sie fordern uns auf, Verbrechen gegen die Menschenrechte beim Namen zu nennen und sie zu bekämpfen. Sie werden gehört, zumal von jungen Menschen, z. B. denen, die heute die Gedenkstätte Auschwitz mit eigenen Augen kennen lernen. Sie sprechen mit ehemaligen Häftlingen. Sie helfen, die Gedenkstätte zu pflegen und zu erhalten. Sie werden auch helfen, die kommenden Generationen über die Verbrechen des Nationalsozialismus aufzuklären.
Meine Damen und Herren,
die überwältigende Mehrheit der heute lebenden Deutschen trägt keine Schuld am Holocaust. Aber sie trägt eine besondere Verantwortung. Die Erinnerung an Krieg und Völkermord im Nationalsozialismus ist Teil unserer gelebten Verfassung geworden. Für manche ist dieser Teil schwer zu ertragen. Aber es ändert nichts daran, dass diese Erinnerung zu unserer nationalen Identität gehört. Die Erinnerung an die Zeit des Nationalsozialismus und seiner Verbrechen ist eine moralische Verpflichtung. Wir sind dies nicht nur den Opfern, den Überlebenden und ihren Angehörigen schuldig, nein, wir sind es uns auch selbst schuldig.
Meine Damen und Herren,
es stimmt: die Verlockung des Vergessens und des Verdrängens ist sehr groß. Doch wir werden ihr nicht erliegen. [...] Denn eines wissen wir: Es gibt keine Freiheit, keine Menschenwürde und keine Gerechtigkeit, würden wir vergessen, was geschah, als Freiheit, Gerechtigkeit und Menschenwürde mit staatlicher Macht zertreten wurden. In vielen deutschen Schulen, in Unternehmen, in Gewerkschaften und in den Kirchen wird Vorbildliches geleistet. Deutschland stellt sich seiner Vergangenheit. Aus der Shoa, aus dem nationalsozialistischen Terror ist eine Gewissheit für uns alle gewachsen, die mit den Worten „nie wieder“ am besten umschrieben wird. Diese Gewissheit wollen wir uns bewahren. Alle Deutschen, aber auch alle Europäer und die ganze Staatengemeinschaft müssen immer wieder neu lernen, respektvoll, menschlich und in Frieden miteinander zu leben. Die Konvention zur Verhinderung von Völkermorden ist die unmittelbare völkerrechtliche Lehre aus dem Holocaust. Sie verpflichtet alle Menschen verschiedener Herkunft, kultureller Prägungen, Religionen oder Hautfarben darauf, Leben und Men-

schenwürde in der ganzen Welt zu achten und zu schützen. Auch dafür kämpfen Sie im Internationalen Auschwitz Komitee mit Ihrer einzigartigen Arbeit im Interesse aller Menschen. Mit Ihnen verneige ich mich vor den Opfern der Vernichtungslager. Wenn auch eines Tages die Namen der Opfer im Gedächtnis der Menschheit verblassen sollten – ihre Schicksale bleiben unvergessen; denn sie ruhen im Herzen der Geschichte."

(http://archiv.bundesregierung.de/bpaexport/rede/38/778838/multi.htm)

Setze dich mit dem Thema dieser Rede auseinander, indem du sie schriftlich analysierst.

1. *Erschließe zunächst den Text der Rede: Unterstreiche wichtige Aussagen und markiere Schlüsselwörter sowie unbekannte Ausdrücke. Gliedere die Rede in Sinnabschnitte und formuliere Zwischenüberschriften.*

2. *Mache dir als Vorarbeit auf einem Extra-Blatt Notizen zu den folgenden Analysefragen und ergänze Besonderheiten, die dir außerdem auffallen. Dazu musst du den Text mehrmals lesen.*

- **Redesituation:**
  Wer hält die Rede zu welchem Zeitpunkt? Zu welchem Anlass und wo wird sie vorgetragen? Wer ist unmittelbarer Adressat der Rede, wer wird indirekt angesprochen? ...

- **Thema:**
  Was ist das Thema der Rede? Worum geht es? Wie ist die Rede inhaltlich gegliedert / aufgebaut? Welche Thesen werden formuliert? ...

- **Ziele / Absichten:**
  Welche Ziele verfolgt der Redner? Hat er informative, expressive oder appellative Absichten? ...

- **Umsetzung der Ziele / Absichten:**
  Welche rhetorischen Mittel (Art der Anrede, Wiederholungen, Metaphern, Personifikationen ...) werden eingesetzt? Welche Wirkung soll damit erzeugt werden? Welche Auffälligkeiten weist die Wortwahl (Fachsprache, Umgangssprache ...) auf? Stammen die Ausdrücke aus einem bestimmten Bildfeld? Welche Satzstrukturen (Parataxe, Hypotaxe, Parenthese, Ellipse) werden verwendet? Wo werden Zäsuren (Pausen) eingesetzt? Welche Argumentationsstrukturen liegen vor? ...

- **Bewertung / Kritik:**
  Hat der Redner seine Ziele / Absichten mit seiner Rede erreicht? Wirkt er glaubhaft? Erscheint die Rede für den Anlass angemessen? Wie stehst du zu den Ausführungen des Redners? Hat er Wichtiges genannt oder betont? ...

3 *Formuliere nun deine schriftliche Analyse der Rede. Denke daran, Zitate und Belege zur Unterstützung deiner Beobachtungen und Schlussfolgerungen sinnvoll einzubinden. Du kannst Teile dieser Schülerarbeit verwenden, überarbeiten oder verbessern:*

In mehreren Feierlichkeiten wurde im Januar 2005 der Befreiung des Konzentrationslagers Auschwitz-Birkenau gedacht, die am 27. Januar 1945 erfolgt war. In diesem und weiteren Vernichtungslagern ermordeten die Nationalsozialisten während des Zweiten Weltkriegs mehrere Millionen Juden, Kriegsgefangene, Ausländer und politisch Andersdenkende .../ Auch Bundeskanzler Gerhard Schröder erinnert mit seiner Rede am 25. Januar 2005 auf einer Gedenkveranstaltung des Internationalen Auschwitz Komitees im Deutschen Theater Berlin an die Opfer des Nazi-Regimes. Er appelliert an das Pflichtgefühl aller Demokraten, dafür zu sorgen, dass .../ Er fordert dazu auf, den Antisemitismus in unserer Gesellschaft zu bekämpfen, indem .../ Schröder beginnt seinen Vortrag mit einer Anrede („Verehrte Überlebende von Auschwitz-Birkenau ...“ Z.1), um .../ In inhaltlicher Hinsicht lässt sich die Rede in ... Abschnitte gliedern. Im ersten Teil seines Textes macht er seine Ehrfurcht in Bezug auf dieses Thema deutlich. Er zollt den Opfern Respekt und weist darauf hin, dass .../ Im nächsten Abschnitt erläutert er das Ausmaß der Taten des Nazi-Regimes und stellt die damit verbundene Scham und Verantwortung der folgenden Generationen heraus .../ Sprachlich leitet er diese inhaltliche Gliederung in Sinnabschnitte jeweils mit ... ein./ Die Wortwahl („Dämonen Hitler“, „Hölle der Konzentrationslager“, „durch Gas erstickt oder ausgehungert oder erschossen“ etc.) macht das Grauen deutlich, das die Opfer der Nazis erfahren mussten .../ Zum Ende seiner Rede richtet sich Schröder an ...

4. *Überprüfe zum Schluss deinen Text (vgl. dazu auch S. 104):*

- Hast du die Rede so analysiert, dass deutlich geworden ist, was der Redner will und welche Mittel er dazu einsetzt?
- Ist dein Text gut gegliedert? Hast du die einzelnen Gliederungsaspekte miteinander verknüpft oder Überleitungen formuliert? Hast du sinnvolle Absätze gesetzt?
- Ist die Wirkung der Gestaltungselemente (Wortwahl, Sprache, Satzbau ...) deutlich geworden?
- Hast du sprachlich richtig und verständlich formuliert?
- Hast du daran gedacht, deine Beobachtungen und Schlussfolgerungen durch Zitate und Belege sinnvoll zu untermauern?

TIPP

Reden sind zumeist appellative Texte, die die Zuhörer/-innen auf vielfältige Weise zu beeinflussen suchen. Ein geschulter Redner setzt alle ihm zur Verfügung stehenden Mittel ein, um seine Ziele bzw. die Ziele der Gruppierung, zu der er gehört, durchzusetzen. Dazu gehören manchmal auch Manipulationstechniken, wie z. B. unbewiesene Behauptungen, Schmeicheleien, Abwertungen ... Oftmals musst du also genau hinhören und interpretieren, um die Tricks des Redners zu durchschauen.

TIPP

*Mit **Werbung** werden wir im Alltag an vielen Orten und bei vielen Gelegenheiten konfrontiert. Werbeinhalte können sein: Produkte, Konsumgegenstände, Dienstleistungen, politische, ideologische oder moralische Botschaften. Werbung spielt in allen **Medien** eine große Rolle, denn oft finanzieren sich **Verlage, Zeitungen, Kinos, Fernsehsender** oder **Anbieter im Internet** über gezeigte oder abgedruckte Werbung. Auch das **Sponsoring** von Sportmannschaften oder Veranstaltungen gilt als Werbung. Filme werden beispielsweise über zusätzliche Produktpaletten beworben. Nicht immer fällt der Werbecharakter dabei offensichtlich ins Auge, wenn zum Beispiel Moderatoren bestimmte Markenkleidung tragen oder ein Produkt in einer Fernsehserie auftaucht. Die **Werbegestalter** erhoffen sich durch diese Art des **Productplacements**, dass ihre **Werbebotschaft** bei einer breiten **Käufergruppe (Zielgruppe)** Aufmerksamkeit erreicht.*

Die Werbebotschaft einer Werbeanzeige ergibt sich aus vielen Faktoren, die im Zusammenspiel bei einer Zielgruppe eine ganz bestimmte Wirkung und ein ganz bestimmtes Image erzielen sollen.

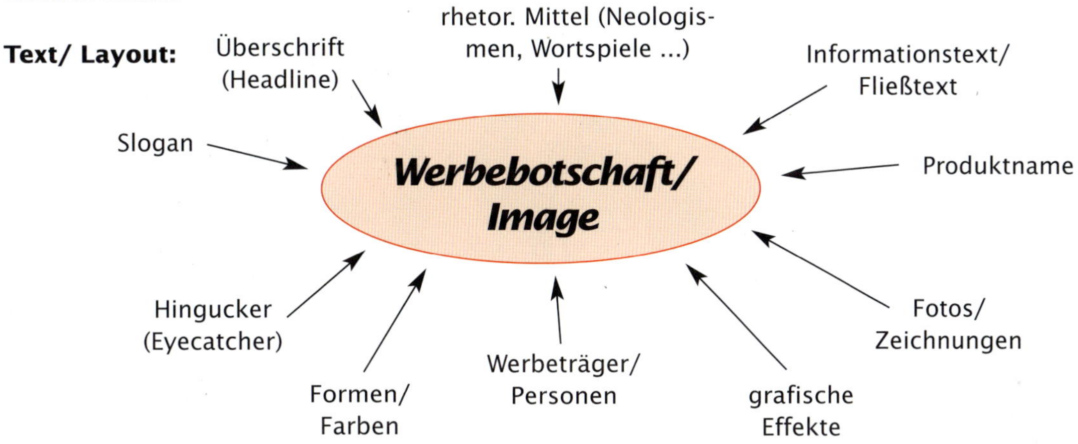

Je nach Art des Mediums ändern sich die „Zutaten" in der Werbung. In Radiospots kommen zum Beispiel Musik und Stimmen hinzu; grafische Elemente fallen hingegen weg etc. Das Ziel der Werbung ist jedoch immer an der so genannten AIDA-Formel ausgerichtet:

A (Attention)	Aufmerksamkeit beim Konsumenten erregen, z. B. durch Blickfang oder Star
I (Interest)	vorhandene Interessen ansprechen, z. B. im Slogan oder Text
D (Desire)	Begierde, Kaufwunsch auslösen
A (Action)	Handeln auslösen, z. B. Kauf bewirken

Die Sprache der Werbung ist auffällig und einprägsam gewählt: Neologismen, Reime, Alliterationen, Dreierfiguren ... (Geiz ist geil!). Oftmals wird direkt an den Käufer appelliert, oder er wird durch Imperative oder Fragen zu einer bestimmten Haltung oder einem Verhalten aufgefordert (Komm auch du, greif zu! / Wohnst du noch oder lebst du schon?). Produktnamen und Slogans geben Impulse oder Denkanstöße, die geheime Wünsche, Leitbilder oder positive Vorstellungen assoziieren (Freude am Fahren). Nicht selten werden Anglizismen eingebunden, um das Produkt besonders „trendy" erscheinen zu lassen (No smint, no kiss).

Musteranzeige, Fahrzeug nicht im Handel erhältlich.

1. *Untersuche die auf S. 72 abgebildete Werbeanzeige. Arbeite dazu auf einem Extra-Blatt.*

Notiere dir zunächst Auffälligkeiten und Besonderheiten. Du kannst dazu die Form eines Clusters, eines Stichwortzettels oder einer Mind-Map wählen:
- Welches sind meine ersten Eindrücke?
- Für welches Produkt wird geworben?
- Was steht im Mittelpunkt der Anzeige?
- Was kann man außerdem erkennen?
- Wie lautet der Slogan?
- Welche Informationen werden zum Produkt genannt?
- Was möchte ich noch genauer untersuchen?

2. *Zur Textplanung musst du überlegen, warum die Anzeige werbewirksam ist. Schreibe dir die Antworten in Stichworten auf:*

- Was dient als Hingucker / Blickfang und warum?
- Welches Layout wurde gewählt? (Anordnung von Produkt, Slogan, Text, Fotos, Farben, graphischen Formen ...)
- Werden Personen als Werbeträger dargestellt? (Star / Prominenter, Alter, Geschlecht, Kleidung, Gesichtsausdruck, Beruf ...)
- Welche sprachlichen Gestaltungsmittel werden verwendet? (Produktname, Slogan, Text) Warum wurden gerade diese eingesetzt?
- Gibt es zusätzliche Informationen zum Produkt? Warum werden gerade diese aufgeführt?
- Worin besteht die Idee dieser Anzeige – warum könnte sie werbewirksam sein?
- Welches Image wollen die Gestalter vermitteln? Welche Käufergruppe wollen sie ansprechen?
- Wie wirkt sie auf dich? Würdest du dieses Produkt kaufen?

3. *Schreibe auf der Grundlage deiner Stichworte eine Analyse der Werbeanzeige.*

A) Beginne mit der **Einleitung**: Stelle das Produkt und die Art der Anzeige kurz vor. Du kannst auch eine Vermutung bezüglich der Wirkung auf die Zielgruppe abgeben (Deutungshypothese).

Die mir vorliegende Anzeige der Firma „Chevrolet“ stammt aus einer Zeitschrift für junge Frauen. Ganzseitig wird für einen mintgrünen Kleinwagen geworben, der den Namen „Miss Daisy“ trägt. Angesprochen werden sollen ...

B) Formuliere nun den **Hauptteil**: Fertige zunächst eine detaillierte Bildbeschreibung an. Untersuche dann die eingesetzten Textelemente sowie die sprachlichen Mittel. Wichtig ist dabei, dass du Bild- und Textelemente zueinander in Beziehung setzt und ihre Wirkung auf die Zielgruppe herausstellst. Begründe, wie du zu dieser Einschätzung gelangt bist. Tipp: Schreibe so, dass auch jemand, der die Anzeige nicht kennt, deinen Ausführungen folgen kann.

Beim Betrachten der Anzeige fällt ein geteilter Bildaufbau auf. Im oberen Teil ist in weißer Schrift auf grünem Hintergrund der Werbeslogan „Frauen sind anders. Miss Daisy auch." zu lesen. Als Eyecatcher dient das Foto im Mittelpunkt. Nicht nur die frische, dynamisch wirkende Farbe des Autos, die den Hintergrund des oberen Teils wiederaufnimmt, sondern auch das spezielle Design des Produktes wirken ... / Weiter unten ist auf dunkelblauem Hintergrund rechts das Logo des Herstellers abgebildet ... / Im unteren linken Anzeigenteil sind in einem hellgrau eingerahmten und abgerundeten Kasten Hintergrundinformationen zu dem Kleinwagen zu lesen. Diese beziehen sich auf ... / Statt detaillierte Angaben zu technischen Daten zu nennen, betont der Hersteller hier ... / Vermutlich setzt er bei der Zielgruppe ... voraus. / Dazu werden Hochwertwörter, wie „taufrisch", „fröhlich" und „flott" verwendet. Diese wirken auf den Betrachter ... / Bereits der Name des Produktes „Miss Daisy" erscheint als Personifikation und suggeriert ... / Mit der Headline „Frauen sind anders." ...

C) Im **Schlussteil** deiner Analyse gibst du einen zusammenfassenden Überblick über die Wirkung der Anzeige und nennst die angesprochene Zielgruppe. Ebenso gibst du eine Bewertung ab und überlegst, ob du dir das Produkt kaufen würdest. Du kannst auch Verbesserungsvorschläge nennen.

Die Werbeidee dieser Anzeige besteht darin, dass ... / Ganz deutlich ist dies zu erkennen in der Zusammenwirkung von Bild und Text, denn ... / Die angesprochene Zielgruppe sind meiner Meinung nach ..., weil ... / Besonders deutlich wird dies durch ...

TIPP

*Nutze diese **Formulierungshilfen**, um deinen Text abwechslungsreich zu gestalten: Die mir vorliegende Werbeanzeige wirbt für ... / Besonders auffällig erscheinen ..., denn ... / Hervorgehoben wird ... / Foto und Text sind so angeordnet, dass ... / Die Farben ... wurden ausgewählt, damit ... / Außerdem ist zu bemerken, dass ... / Der Werbeslogan erscheint einprägsam, da ... / Die Sprache des Werbetextes ist leicht verständlich, weil ... / Die angesprochene Zielgruppe ist ... / Die Gestalter wollen auf ... aufmerksam machen, um ... / Dabei betonen sie ... / Auf mich wirkt die Anzeige ... / Vermutlich würde ich mir das Produkt kaufen/nicht kaufen, weil ...*

4. *Ändere die Zielgruppe in der vorliegenden Anzeige, indem du versuchst, das Produkt für Männer attraktiv zu machen.*

1. *Analysiere die abgebildete Anzeige für das Produkt Corny Schoko. Gehe dabei so vor wie auf den vorigen Seiten.*

ÜBUNGSTIPP

In jeder Zeitschrift und im Internet findest du weitere Anzeigen zum Üben. Oftmals gibt dir die Art der Zeitschrift schon einen Hinweis auf die Zielgruppe.

- *Gestalte auch einmal eine Anti-Werbung, zum Beispiel um auf die Gefahren eines Produktes hinzuweisen oder um über Nebenwirkungen aufzuklären.*
- *Wie stehst du zu Werbung in der Schule? Schreibe einen argumentativen Text dazu.*

TIPP

*Im Alltag musst du in verschiedenen Situationen deine **Meinung äußern und vertreten**, zum Beispiel wenn du ein Ziel durchsetzen willst oder in Diskussionen und Streitgesprächen. Du hast eine größere Chance, andere zu überzeugen, wenn du dich vorher über das Thema, um das es geht, informiert hast und wenn du dich auch gedanklich mit eigenen Argumenten und Gegenargumenten auseinandergesetzt hast. So kannst du die Argumente der Gegenposition entkräften.*
*Auch in schriftlichen Texten werden Standpunkte mit verschiedenen Zielsetzungen vertreten: um öffentlich eine Meinung zu äußern, um andere wachzurütteln, um zu appellieren oder um wertend Stellung zu einem aktuellen Sachverhalt, Ereignis oder Thema zu nehmen. In **Kommentaren** oder **Leserbriefen** setzen sich die Schreiber mit einem Sachverhalt auseinander und stellen die eigene Position dar. Auch in satirischen Texten, wie **Glosse, Parodie, Satire** und **Karikatur** wird aufgrund der übertriebenen Darstellung indirekt die Kritik des Schreibers deutlich.*

1. *Lies den Kommentar von Günter Ozdyk und erschließe ihn durch Markieren der Schlüsselwörter, Klären unbekannter Begriffe, Gliedern in Sinnabschnitte und Zwischenüberschriften.*

„Geiz ist geil!“ *von Günter Ozdyk (2004)*
Ist das wirklich so, sind die Verbraucher wirklich so geworden? Kann man mit Aussagen, die noch vor einer Generation unmöglich und gegen jedes Gefühl von Anstand gewesen wären, Kunden gewinnen? Vielleicht ein sehr deutliches Zeichen für Werteverfall in unserer Gesellschaft? Vielleicht resignieren Verbraucher ja auch vor der Übermacht und ertragen diese und ähnliche Beleidigungen. Es scheint nicht einmal die logische Reaktion, bei solchen Unternehmen nicht mehr zu kaufen, einzutreffen. Nur weil es viele Menschen gibt, die nicht geizig sind mit ihrem Geld, ihrer Zeit, ihrer Begabung und ihrer Liebe, überleben andere Menschen in schwierigen Zeiten. Schreckliche Vorstellung, wenn man daran denkt, jeder würde sich so verhalten, wie die Werbung uns einredet. Geiz ist geil!
Täglich verhungern 18.000 Kinder auf dieser Welt, denen durch Geld geholfen werden könnte. Geiz ist geil! Elf Millionen Kinder sterben jährlich an vermeidbaren Krankheiten. Eine Frage des Geldes. Geiz ist geil! Kinder in vielen Ländern knüpfen Teppiche, die in deutschen Geschäften billig angeboten werden, arbeiten in Bergwerken oder auf Plantagen. Kinderarbeit zerstört die Zukunftsaussichten von Millionen von Kindern, weil sie keine Möglichkeit haben, eine Schule zu besuchen. Die Produkte kommen billig auf unsere Märkte. Geiz ist geil!
Für Bauern in vielen Ländern gibt es nur eine Chance zum Überleben, Anbau von Rauschgift. Die Preise, die Händler für Lebensmittel zahlen, reichen halt nicht zum Überleben aus. Dieses Rauschgift taucht dann bei uns in Europa auf. Geiz ist geil! Obdachlose leiden gerade im Winter extrem. Vielen könnte durch Geld geholfen werden. Geiz ist geil!
Arbeitslose werden in unserer Gesellschaft ausgegrenzt und verlieren jegliche Perspektive. Viele von ihnen sind betroffen, weil Gewinne von Unternehmen maximiert werden. Geiz ist geil!
Wir Menschen haben doch eigentlich von Gott ein feines Gespür dafür bekommen, was richtig und was falsch ist. Achten Sie auf dieses Gespür und lassen Sie sich nichts vormachen. Auch diese Werbung wird vergehen.

2. *Was will der Autor Günter Ozdyk mit seinem Kommentar erreichen (Ziel)? Wen spricht er an (Adressat)? Von welchen Thesen geht er aus?*

Ziel:

Adressat:

Thesen:

3. *Welche inhaltlichen und sprachlichen Mittel verwendet er, um dem Leser seine Position zu verdeutlichen?*

– Ozdyk beginnt seinen Kommentar mit drei einleitenden Fragen, die indirekt den Schreibanlass begründen (Z. 1–8)

TIPP

Wenn du argumentierst, stellst du eine oder mehrere ***Thesen*** *auf, das sind Aussagen, die* ***behauptenden, wertenden*** *oder* ***empfehlenden bzw. fordernden Charakter*** *haben. Diese Thesen versuchst du durch* ***Argumente*** *zu stützen. Argumente können* ***Fakten-, Wert-*** *oder* ***Autoritätsargumente*** *sein.*

Faktenargumente	Hinweise auf Tatsachen; beruhen auf eigenen Erfahrungen oder sind mit wissenschaftlichen Erkenntnissen oder statistischen Untersuchungen abgesichert
Wertargumente	Begründungen/Aussagen, die auf allgemein anerkannte Werte und Normen zurückgreifen, wie Meinungsfreiheit, Menschlichkeit ...
Autoritätsargumente	Berufung auf Autoritäten und Experten, zum Beispiel Politiker, Wissenschaftler, Prominente ...

4. *Untersuche den Kommentar von Ozdyk daraufhin, welche Art von Argumenten er einsetzt, um seinen Standpunkt bzw. seine Thesen zu begründen.*

TIPP

Dein Standpunkt ist von anderen nachvollziehbar, wenn er mit mehreren Argumenten gut begründet und mit Beispielen veranschaulicht oder mit Belegen untermauert wird. Diese Abfolge nennt man ***Argumentationskette****.*

STANDPUNKT / These
(Meinung, Behauptung, Bewertung)

wird gestützt durch

ARGUMENT

wird veranschaulicht und abgesichert durch

BEISPIEL oder BELEG

Beispiel:
Es gibt einen deutlichen Werteverfall in unserer Gesellschaft,
denn Verbraucher lassen sich durch Werbung beleidigen und kaufen die Produkte dennoch.
Obwohl Kunden als geizig beschrieben werden, macht der betreffende Laden große Umsätze.

1. *Wie stehst du zu der Meinung von Günter Ozdyk, die Menschen wären nur auf den eigenen Vorteil bedacht? Formuliere zunächst deinen eigenen Standpunkt.*

2. *Sammle in einer Tabelle Argumente, die deinen Standpunkt stützen. Es ist sinnvoll, auch die Gegenargumente zu berücksichtigen, damit du sie entkräften kannst.*

Pro (jeder denkt nur an sich selbst)	**Kontra** (diese Vorstellung entspricht nicht der Realität)
– viele Menschen kaufen nur billige Produkte, ohne daran zu denken, unter welchen Bedingungen sie hergestellt werden – …	– nicht alle Verbraucher lassen sich durch die Werbung beeinflussen – …

3. *Schreibe auf einem Extra-Blatt einen Leserbrief zu dem Kommentar von Ozdyk. Entfalte deine Argumentation, indem du die gesammelten Argumente durch Beispiele veranschaulichst und durch Belege absicherst. Die Ausdrücke und Satzverknüpfungen im Wörterkasten unten helfen dir bei der Formulierung. So kannst du beginnen:*

Wer geldgierig ist, bekommt nie genug, und wer den Luxus liebt, hat immer zu wenig. Meiner Meinung nach trifft diese Aussage auf unsere Gesellschaft zu/nicht zu …

da – daher – deshalb – daraus folgt – dies bewirkt – dies hat zur Folge – dennoch – stattdessen – einerseits/andererseits – vor allem – sogar – außerdem

TIPP

*Wenn du ein Thema oder eine Frage erörterst, setzt du dich schriftlich mit den **eigenen Gedanken (frei)** und/oder mit dem **Inhalt von Texten (textgebunden)** auseinander. Ziel ist es, ein **begründetes persönliches Urteil** zu erreichen. Entscheidend für eine nachvollziehbare Schlussfolgerung sind **einleuchtende Argumente** und eine **schlüssige Gedanken- und Beweisführung** (vgl. dazu S. 78).*
Du kannst zwei Formen der Erörterung unterscheiden:

1) geradlinige oder steigende Erörterung (lineare Form):
Aufgrund der Fragestellung (zumeist W-Fragen) wird nur die Darstellung einer Seite des Problems verlangt. Die Argumente werden der Wichtigkeit nach aufeinander aufgebaut; so erreichst du eine gewisse Steigerung. Du kannst aber auch Gegenargumente entkräften, um mögliche Bedenken auszuräumen.

2) Pro-Kontra-Erörterung (dialektische Form):
Zwei gegensätzliche Positionen werden im Detail erfasst und gegeneinander abgewogen. Abschließend muss begründet deutlich werden, welches Urteil der Autor fällt oder zu welcher Seite er tendiert. Das zu erörternde Thema kann als Behauptung, Forderung oder Entscheidungsfrage formuliert werden.

Die Arbeitsschritte zur **Textplanung** sind für beide Formen ähnlich:

A) ungeordnete Stoffsammlung anlegen:
Sammle Ideen (Cluster, Karteikarten, Tabelle mit Pro und Kontra), die sich auf Bestandteile des Problems bzw. der Frage beziehen, zum Beispiel wissenschaftliche Belege, Fakten, Zahlen, eigene Erfahrungen ..., die du als Argumente verwenden könntest bzw. die als Beispiele oder Belege die Argumentation stützen könnten.

B) Stoffsammlung ordnen:
Fasse Ideen, die Ähnliches meinen, zusammen. Formuliere Thesen und Begründungen und stütze sie durch Beispiele und Belege. Ordne sie hinsichtlich ihrer Wichtigkeit als Argumentationsketten an. Du kannst hierzu in einer Tabelle mit Querverweisen arbeiten, Karteikarten ordnen und eine Mind-Map anlegen.

C) die Erörterung schreiben:
Einleitung: Führe den Leser an das Thema heran und wecke sein Interesse, zum Beispiel durch ein persönliches Erlebnis, einen aktuellen Anlass, ein geschichtliches Ereignis, ein Zitat oder Sprichwort, ein statistisches Untersuchungsergebnis ... Du solltest auch auf Schlüsselbegriffe hinweisen und diese erklären. Wenn du textgebunden schreibst, solltest du den Text und die Meinung des Verfassers vorstellen, damit du dich später darauf beziehen kannst.
Hauptteil: In diesem Teil werden die Argumente entfaltet: **These** → **Begründung** → **Beweis (Beispiel/Beleg)** → **Folgerung**. Um umfassend zu informieren, verknüpfst du die verschiedenen Argumente miteinander zu Argumentationsketten. Ziel ist es, den zu erörternden Sachverhalt zu klären und evtl. auch Lösungsvorschläge bzw. Alternativen zu unterbreiten. Die Gliederung der Erörterung passt du der jeweiligen Form an. Wichtig ist jedoch immer, dass deine Beweisführung den Leser überzeugt.

Schluss: Zum Abschluss formulierst du die Meinung, die du aufgrund deiner Argumentation vertrittst: persönliche Stellungnahme, zusammenfassende Bilanz, aber auch ein Kompromiss oder eine fehlende Entscheidung, wenn du dir aufgrund der Sachlage kein persönliches Urteil bilden kannst. Ebenso kannst du eine Aufforderung / einen Appell formulieren, einen Ausblick auf künftige Entwicklungen abgeben oder einen persönlichen Wunsch in Bezug auf die dargestellte Thematik äußern.

1. *Unterstreiche Fragen und Themen, die eine lineare Form der Bearbeitung erfordern, rot – und solche, die dialektisch erarbeitet werden müssen, blau.*

- Warum ist es sinnvoll, jeden Tag eine Tageszeitung zu lesen?
- Jobben statt für die Schule pauken?
- Mit Schuluniformen haben alle Schüler und Schülerinnen die gleichen Chancen!
- Warum sollte die Wehrpflicht abgeschafft werden?
- Wie kann man Vandalismus in der Schule vorbeugen?
- Ist der Führerschein ab 17 sinnvoll?
- Sollte Fastfood verboten werden – ja oder nein?
- Es gibt viele Gründe, die für die Einführung einer Autobahnmaut für PKWs sprechen.
- Die Teilnahme an einem Schüleraustausch sollte verpflichtend für alle Schüler und Schülerinnen sein.
- Wohnen auf dem Land oder in der Stadt – eine Frage der Attraktivität?
- Mit welchen Zielen sollte PowerPoint im Unterricht eingesetzt werden?
- Piercing – Schönheit um jeden Preis?
- Jeder Schüler benötigt einen Laptop.

2. *Wähle eine Frage / ein Thema aus und schreibe eine lineare (steigende) Erörterung auf einem Extra-Blatt. Orientiere dich an den oben aufgeführten Arbeitsschritten zur Textplanung. Wenn du wenige Kenntnisse zu diesen Themen hast, recherchiere vorher im Internet.*

ÜBUNGSTIPP

Viele aktuelle Themen im Internet oder aus der Zeitung kannst du zu Übungszwecken erörtern. Formuliere eigene Behauptungen, Forderungen oder Entscheidungsfragen und übe die Planung einer stichhaltigen und überzeugenden Gedanken- und Beweisführung. Ziehe zur Überarbeitung die Tipps von S. 104 heran.

Der ständige Begleiter

Das Handy hat innerhalb kurzer Zeit unser Leben verändert. Auch die Funktionen ändern sich: Mobiltelefone messen Herztöne und helfen navigieren.

Innerhalb weniger Jahre haben sich die kleinen elektronischen Geräte in unser Leben geschlichen. Die Erfolgsstory des Handys verlief so schnell, dass sie kaum jemand bewusst wahrnahm: Wurden Nutzer bis vor ein paar Jahren noch schief angeguckt, ist es heute fast unmöglich, nicht mobil erreichbar zu sein – drei Viertel der Bevölkerung Deutschlands sind es ohnehin. Handys verwandeln sich in Video-Player, Herztöne-Messer und Navigationssysteme. Geändert hat sich nach Expertenansicht auch unsere Art, miteinander zu kommunizieren.

„Wir haben uns eine beinahe südländische Mentalität angewöhnt", sagt der Kommunikationswissenschaftler Joachim Höflich von der Universität Erfurt. Bei Verabredungen würden Zeit und Ort kaum noch vorher besprochen. „Wir tasten uns mit Telefonaten und Kurz-Mitteilungen langsam an den Termin heran."

Geändert habe sich auch die Aussagekraft des Handys. Galt das Gerät zunächst als Statussymbol, spricht es nach Ansicht Höflichs mittlerweile eine eigene Sprache: „Wenn eine Frau in eine Kneipe kommt und ihr Handy rausholt, so heißt es ‚Baggern lohnt nicht, ich bin schon mit einem Ohr bei jemand anderem'." Jedes Land habe seine eigenen Codes: So gilt das Mobiltelefon in Italien immer mehr als Modeaccessoire. Anders in Finnland: Die Jugend benutzt wieder alte, große Handys und zeigt damit: „Ich hab's nicht nötig, mich mit immer neuen Geräten zu schmücken."

Vorangetrieben wird dieser kommunikative Wandel von etwa 60 Millionen Menschen, die in Deutschland nach Schätzungen der Regulierungsbehörde für Telekommunikation und Post im Besitz eines Mobiltelefons sind. Vor zehn Jahren waren es noch 1,76 Millionen. Weltweit gab es im vergangenen Jahr erstmals mehr Handy- als Festnetz-Benutzer. „Das

Handy ist Kontaktmittel Nummer eins geworden", erklärt die Psychologin Inka Saldecki-Bleck aus Niederkassel bei Bonn. Die Deutschen verschickten im Jahr 2003 allein 23,6 Milliarden SMS-Kurzmeldungen. Viele seien so mutiger geworden, anderen Dinge mitzuteilen, die sie sich sonst nicht trauten. „Einerseits bringen vorsichtige Menschen so eher ihre Meinung zum Ausdruck", sagt Saldecki-Bleck, „andererseits schreiben wir oft voreilig etwas, was wir nicht so gemeint haben."

Bei Angst-Patienten kann das Mobiltelefon gar als Therapiehilfe wirken, denn mit dem Handy in der Tasche hätten sie wieder Mut rauszugehen. Andere wiederum stünden dauernd unter Anspannung, weil sie das Handy nie ausschalteten. Gleichzeitig entwickeln sich die Geräte immer mehr zum mobilen medizinischen Helfer: Spezialausführungen können Herztöne aufzeichnen und sie an Call-Center versenden, wo die Daten von Ärzten ausgewertet werden. Auch für Diabetiker und Epileptiker werden Handys mit Sonderfunktionen entwickelt. „Die meisten sind noch Pilotprojekte, mit neuen Übertragungskapazitäten kommen aber auch neue Angebote", heißt es beim Informationszentrum Mobilfunk (IZMF) in Berlin. ***dpa, 14.01.2004***

Handys besser nicht zu oft benutzen

Der bündnisgrüne Bundestagskandidat Reyher warnt vor Mobilfunkstrahlen. Noch keine gesicherten Erkenntnisse. Verantwortlicher Umgang angemahnt.

Herscheid. Ist Mobilfunk eine Gefahr für die Bürger? Mit diesem Thema setzt sich der Bundestagskandidat der Grünen Hermann Reyher auseinander und warnt die Bürger vor dem übertriebenen Gebrauch von Handys. Die Frage, ob die von Mobilfunkmasten ausgehende Strahlung gefährlich sein könnte, tritt für Reyher eher in den Hintergrund, da er meint, dass das Telefonieren mit dem Handy weitaus gefährlicher sein könne: Zehn Minuten mit dem Handy telefonieren entspreche in etwa der Dosis von Strahlen, die man sich einhandle, wenn man einen ganzen Tag in 50 Metern Entfernung von einer Mobilfunkanlage verbringe. Es sei noch nicht hinreichend geklärt, ob und wie schädlich die Mobilfunkstrahlen sind. So lange es aber keine gesicherten Erkenntnisse gebe, solle man aber sensibel sein und Mobilfunkanlagen nicht in der Nähe einer Wohnbebauung aufstellen. Kritiker glauben, dass diese Strahlung Konzentrationsstörungen, Schlaflosigkeit oder Hörschäden verursachen, das Immunsystem schwächen und sogar Krebserkrankungen wie Tumore auslösen kann. Daher rät der Bundestagskandidat aus Kierspe zum verantwortlichen Gebrauch dieser Technologie. Man sollte so häufig wie möglich das Festnetz nutzen und das Handy möglichst im Freien verwenden, weil dort die Strahlung geringer sei. Wenn möglich sollte man eher SMS-Kurznachrichten versenden, da das Handy auch im Stand-by-Betrieb strahle. Auch sollte man es nicht in der Nähe lebenswichtiger Organe tragen. Der bündnisgrüne Politiker warnt davor, in eine Handy-Konsumhaltung zu verfallen. Entgegen diesem Appell entwickelt sich aber gerade der bundesweite Trend!

(nach: Lüdenscheider Nachrichten, 16.1.2004)

1. *Erschließe beide Texte mithilfe der dir bekannten Methoden.*

2. *Bereite eine schriftliche Erörterung vor:*
Welche Form erscheint dir sinnvoll? ❑ *linear* ❑ *dialektisch*
Welche Entscheidungsfrage willst du mit deiner Erörterung beantworten?

Wie stehst du zu dieser Frage? Notiere deinen Standpunkt:

TIPP

*In einer **textgebundenen Erörterung** setzt du dich argumentativ mit den Inhalten eines oder mehrerer Texte auseinander und **stützt bzw. entkräftest vorliegende Meinungen bzw. Behauptungen**. Es ist sinnvoll, sich zunächst das dem Text zugrunde liegende Problem oder die Fragestellung zu erschließen, um zu überprüfen, ob eine lineare oder dialektische Form der Erörterung zu schreiben ist. Wenn dir die vorliegenden Informationen nicht ausreichen, solltest du zusätzliches Material im Internet recherchieren oder weitere Zeitungsartikel oder wissenschaftliche Erkenntnisse hinzuziehen.*

3. *Sammle Ideen in einer Tabelle (Stoffsammlung – Pro und Kontra) und ordne diese. Stütze deine Argumente durch Beispiele und Belege. Überlege dir eine sinnvolle Reihenfolge in der Argumentationskette sowie Verknüpfungen. Welche Textaussagen könnten deine Argumentation stützen und welche kannst du nicht teilen?*

4. *Formuliere nun deine Erörterung:*

- *Schreibe eine Einleitung, in der du interessant in das Thema und die Problemstellung einführst. Benenne die gegensätzlichen Positionen und weise auf die Textgrundlagen und die Meinung der Verfasser hin. So könntest du beginnen:*

Nie mehr ohne Handy? 60 Millionen Deutsche haben mittlerweile ein Handy. In wenigen Jahren hat sich das Mobiltelefon vom belächelten Statussymbol zum Alltagsgegenstand gewandelt. Einerseits hat sich das Kommunikationsverhalten grundlegend verändert, andererseits birgt das mobile Telefonieren viele Risiken und Nebenwirkungen. Auf der Basis der Berichte ... werde ich die folgende Frage erörtern ...

- *Entfalte im Hauptteil gut strukturiert deine Argumentationsketten und stütze sie. Bei der dialektischen Erörterung hast du zwei Möglichkeiten zur Gliederung:*

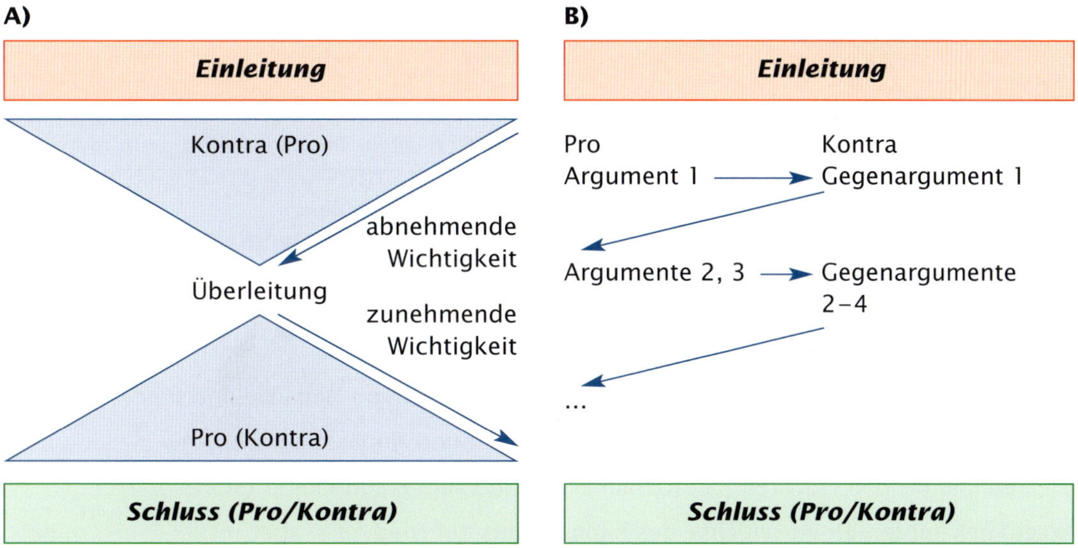

da, weil, denn, nämlich, deswegen, deshalb, daher, sodass, wie, damit, falls, aber, dagegen, beispielsweise, einerseits, andrerseits, auf der einen/anderen Seite, jedoch, außerdem, darüber hinaus, schließlich, ein weiterer Gesichtspunkt, dagegen spricht, weitaus wichtiger erscheint mir, bedenken sollte man auch ...

- *Wäge am Schluss die Fakten und Argumente ab und formuliere dein Urteil oder einen Kompromiss oder auch die Erkenntnis, dass es für dich keine Lösung gibt.*

daher, somit, demnach, als Abschluss, zusammenfassend, demzufolge, aufgrund ...

TIPP

*Auch **Kino- oder Fernsehfilme** müssen sich der **Kritik** stellen. Kritiker orientieren sich bei ihren Rezensionen an folgenden Punkten:*

- ***Handlung:** Inhalt des Films, Genre (Abenteuer-, Liebesfilm, ...), Entstehungszusammenhang (Beruht der Film auf einem historischen Ereignis, einer Biografie (Lebenslauf einer Person) oder ist es eine Literaturverfilmung?)*
- ***Figuren und Schauspieler:** Figuren werden charakterisiert, auf die Beziehungen zueinander wird eingegangen, Schauspieler werden namentlich genannt, und ihre schauspielerische Leistung wird bewertet.*
- ***Schauplätze und Ausstattung:** Die Schauplätze (Drehorte) werden vorgestellt, die Ausstattung (Kostüme, Requisiten) wird erwähnt.*
- ***Kamera:** Welche Einstellungen wurden gewählt? Was wollte der Regisseur erreichen?*
- ***Ton, Musik, Sprache, Geräusche:** Welche Geräusche wurden verwendet, um Spannung, Trauer, Freude ... zu erzeugen? Sind die Dialoge figurengerecht und verständlich? Arbeitet der Film mit Spezialeffekten oder besonderen Regieeinfällen?*
- ***Gesamtbewertung:** Abschließende Beurteilung des Films: Wurden die Erwartungen erfüllt? Was hat an dem Film besonders gut bzw. weniger gefallen?*

Wenn du eine eigene Filmkritik schreibst, solltest du Schwerpunkte setzen und nur auf einzelne dieser Punkte eingehen. Überlege, wie viele Details du in der Kritik unterbringst, ob du das Ende des Films verraten willst oder ob die Rezension auch ohne Kenntnis des Films von den Leserinnen und Lesern verstanden werden kann.

1. *Untersuche die Filmkritiken näher:*
a) Markiere rot im Text, was negativ über den Film ausgesagt wird, und grün, was positiv klingt.
b) Notiere am Rand, auf welche Aspekte die Kritiker eingehen.
c) Schreibe auf, worin sich die Kritiken unterscheiden. Achte auf die Sprache, den Informationsgehalt, ...

Die fetten Jahre sind vorbei

A) „Die fetten Jahre sind vorbei“ ist die zweite Regiearbeit von Hans Weingartner. Weingartner erzählt eine Geschichte von Widerstand und Anpassung, großen Idealen und kleinen Fluchten. Jan (Daniel Brühl) und sein Freund Peter (Stipe Erceg) bekämpfen die Auswüchse des Kapitalismus auf friedvolle, aber nicht weniger handgreifliche Weise. Sie brechen nachts in verlassene Luxusvillen ein, stehlen allerdings nichts, sondern räumen lediglich das Mobiliar um: die Stereoanlage in den Kühlschrank, die Designer-Couch in den Swimmingpool. Kehren die Bewohner anderntags zurück, finden sie ein einziges Chaos vor – und Botschaften wie „Die fetten Jahre sind vorbei“ oder „Sie haben zu viel Geld“. Gezeichnet: „Die Erziehungsberechtigten“. Doch eine dieser Räumaktionen geht schief: Ausgerechnet als Jan zum ersten Mal Peters Freundin Jule (Julia Jentsch) mit auf Wohnraumentkernung nimmt, taucht überraschend der Hausherr auf.

Schlimmer noch, Topmanager Hardenberg (Burghart Klaußner) erkennt Jule, da er mit dieser kurz zuvor in einen Verkehrsunfall verwickelt war. Die Situation eskaliert, Hardenberg wird als Geisel genommen und in eine entlegene Berghütte verschleppt. High sein, frei sein, ein bisschen Terror darf dabei sein: Weingartners Film spielt mit Mustern und Assoziationen, die an die Sponti- und Apo-Bewegung der 70er erinnern. Insofern ist „Die fetten Jahre sind vorbei" ein zutiefst politischer Film, der im zweiten Teil aber auch zur ironischen Generationskomödie gerät: Hardenberg erweist sich im unfreiwilligen Exil als Alt-68er, der den drei jungen Wilden Geschichten von Rudi Dutschke und der freien Liebe erzählt. „Aber wem erzähl ich das", sagt er augenzwinkernd, denn ihm ist nicht entgangen, dass es längst auch zwischen Jan und Jule funkt. Dieses spannungsgeladene Aufeinandertreffen wird unterlegt mit erstklassiger Musik. „Manche Menschen ändern sich nie", heißt es später in „Die fetten Jahre ...". Manche Ideen aber auch nicht. Fazit: Spannendes Gegenwartskino.

B) Die fetten Jahre sind vorbei. Gut. Die der fragwürdigen Filme anscheinend nicht. Meine Güte, was für ein Mist! Die Phrasen der einen Seite sind ebenso hohl wie die der anderen. Oder hatte Weingartner sein digital verwackeltes Stück Film (Dreh mit digitaler Handkamera) als Komödie gedacht? Dann könnte ich dem Ganzen vielleicht noch was abgewinnen – aber dafür nimmt sich „Die fetten Jahre ..." leider selbst zu ernst. Die drei jungen Darsteller spielen, als wäre es ein Drama Shakespear'schen Ausmaßes, Burghart Klaußner (die Geisel), als halte er das Ganze für eine Komödie. Wie soll sich da noch einer zurechtfinden? Rebellieren ist heute schwierig geworden und die rebellionswillige Jugend echt gekniffen. Mir kommen die Tränen. Lustig wird es, wenn der gekidnappte „Bonze" den Spieß umdreht. Dann entstehen wirklich ein paar sehr schöne Momente, die auf ein intelligentes Duell hoffen lassen. Leider umsonst. Und was soll das alles? So naiv wie sämtliche Beteiligten kann doch kein Mensch sein. Die Jungs haben wirklich nichts Besseres zu tun, als Nacht für Nacht Villen auszuspionieren? Denen scheint es ja gut zu gehen. Der Gekidnappte ist ausgerechnet ein alter Weggefährte von Rudi Dutschke. Die Welt ist halt klein. Und kein Fluchtversuch? Stattdessen gemeinsames Kochen und Pastaessen. Peter spannt Jan die Freundin aus und nach ein paar Stunden ist alles wieder im Lot. Der Film ist eine Beleidigung für alle wirklich politisch engagierten Jugendlichen!

TIPP

*Ein **Verlaufsprotokoll** schreibst du dann, wenn du genau über den **Ablauf eines Geschehens** berichten willst. Dies kann z. B. der Verlauf eines Experimentes, aber auch die Wiedergabe einer Diskussion sein. Es dient somit als Gedächtnisstütze.*
Während des Geschehens muss der Protokollführer sich bereits Stichpunkte für das spätere Protokoll notieren:

- *Das Protokoll beginnt mit dem **Protokollkopf**: Anlass der Veranstaltung, Zeit (Datum, Beginn, Ende), Ort (Raum), Teilnehmerinnen und Teilnehmer, evtl. Abwesende, Name des Protokollführers, Tagesordnungspunkte (TOPs). Unter dem TOP Verschiedenes wird all das angesprochen, was kurz abzuhandeln ist und keiner Abstimmung bedarf.*
- *Äußerungen der Sprecher werden stichpunktartig notiert. Dabei beschränkt man sich auf wichtige Angaben.*
- *Um möglichst schnell notieren zu können, ist es sinnvoll, bei der Mitschrift Abkürzungen oder Symbole (beispielsweise für Namen ...) zu verwenden.*

*Bei der anschließenden **Niederschrift** des Protokolls musst du Folgendes beachten:*

- *Überarbeite die Notizen: Streiche Unwichtiges bzw. Wiederholungen und fasse die Redebeiträge zusammen.*
- *Schreibe im **Präsens**.*
- *Verwende die **indirekte Rede**, um Redebeiträge wiederzugeben (vgl. S. 36/37).*

1. *Frederick Schneider ist Protokollführer der SV-Sitzung seiner Schule. Während der Sitzung hat er sich Notizen gemacht. Fülle mithilfe der Angabe im Text den Protokollkopf aus.*

SV-Sitzung, 27.01.2006, 10.00 Uhr
– SV-Lehrerin Fr. Müller da, Klassensprecher der 7c, 10a fehlen

- Klassensprecher stellen sich allen vor.
  – Frau Müller: Schülersprecher und -Vertreter müssen gewählt werden
  – Christopher schlägt Moni vor, Daniela ist für Martin, Kerstin will Nico
  – Wahlen: Moni 8 Stimmen, Martin 2, Nico 6 → gewählt: Moni, Nico
  – Fr. Müller gratuliert

- Klassensprecher 9b schlägt Valentinsaktion vor:
  – Kerstin: Ist doch nur für Verliebte!
  – Chris: Nette Geste untereinander
  – Vorschlag Rouven: SV bietet Herzen aus Schokolade an. Jeder Schüler kann eines kaufen u. mit einer Botschaft für jemanden beschriften. SV verteilt am Valentinstag die Herzen.
  – Nico: Nette Idee! Reinerlös (Herz im Einkauf ca. 0,50 €, im Verkauf 0,80 € kommt in SV-Kasse.)
  – Mehrheit (13/3) dafür

- Antrag Jahrgang 7: Toiletten sauber halten
  – Karsten (7a) schildert Situation: Schmierereien, Zigarettenqualm, kaputte Klobrillen
  – Schüler des Jg. 7 schlagen vor, Toilettendienst einzurichten
  – Schmierereien können verhindert, Raucher rausgeworfen werden
  – Frage: Wer soll Dienst übernehmen?

- Paul: Mir ist meine Pause heilig!
- Tim: Kann man sowieso nichts ändern!
- Maren: Schüler der Jahrgänge 8–10 übernehmen abwechselnd bis zu Osterferien Aufsicht. Dann Erfahrungen austauschen u. eventuell fortfahren
- Vorschlag knapp angenommen (9 / 7). Klasse 8a beginnt nächste Woche.

- Schuljubiläum steht an:
  - Fr. Müller weist auf 25-jähriges Bestehen der Anne-Frank-Schule hin (30.06.2006)! Großes Fest!
  - Klassensprecher sammeln mit Klassen Vorschläge für Gestaltung (bis 30.04. Frau Müller mitteilen!!)
  - Zu berücksichtigen: Programmpunkte? Essen? Musik? Spiele? Einladungen (Wie? Wer?)
  - Guido meint, seine Klasse hätte bestimmt keine Ideen
  - Nico freut sich schon, will sofort mit Planung anfangen

- Weitere Punkte:
  - Frau Müller nennt Termin der nächsten SV-Sitzung (01.03.)
  - Katrin: Wir sollten Fotos der Klassensprecher und Schülersprecher aushängen. So weiß jeder, an wen er sich wenden kann. (Fotos bei Katrin (9a) abgeben!)

Ende: 10.45 Uhr

PROTOKOLL

Anlass der Besprechung:	
Datum:	
Beginn:	
Ende:	
Ort:	
Anwesende:	
Abwesende:	
Protokollführer:	
Tagesordnung:	
TOP 1:	
TOP 2:	
TOP 3:	
TOP 4:	
TOP 5:	

2. *Schreibe anhand von Fredericks Notizen ein Verlaufsprotokoll der SV-Sitzung.*

TIPP

*Im Vergleich zu dem Verlaufsprotokoll hält das **Ergebnisprotokoll** ausschließlich **Beschlüsse** und **Ergebnisse** einer Besprechung fest. Personen werden nur im Protokollkopf oder im Zusammenhang mit Beschlüssen (z. B. Wahlen) genannt. Der Protokollführer sollte schon bei seinen Notizen darauf achten, Unwichtiges nicht mit aufzunehmen. Auch das Ergebnisprotokoll beginnt mit dem Protokollkopf: Anlass der Veranstaltung, Zeit (Datum, Beginn, Ende), Ort (Raum), Teilnehmerinnen und Teilnehmer, evtl. Abwesende, Name des Protokollführers, Tagesordnungspunkte (TOPs). Ein Ergebnisprotokoll wird im **Präsens** geschrieben.*

1. *Die Klasse 10b plant eine Fahrt nach Berlin. Zwei Wochen vor der Reise (23.05.06, 8.00 Uhr) geht es um die Besprechung wichtiger Einzelheiten. Zur Information für die Eltern und als Erinnerung soll das Gespräch in der Klasse in Form eines Ergebnisprotokolls festgehalten werden. Schreibe anhand der Informationen das Ergebnisprotokoll. Beginne zunächst mit dem Protokollkopf.*

Frau Dierksen:	Lasst uns die erste Stunde nutzen, um die Einzelheiten der Berlinfahrt zu besprechen. Marion, hältst du alles Wichtige bitte im Protokoll fest? So ist auch Carmen informiert, wenn sie wieder gesund ist. Zunächst für alle noch einmal die Daten: Wir fahren am Montag, den 07. Juni pünktlich – und wenn ich sage pünktlich, dann meine ich das auch so – um 7.00 Uhr los. Am Mittwoch, den 09. Juni müssten wir gegen 22.00 Uhr wieder hier sein.
André:	Wo treffen wir uns denn genau?
Frau Dierksen:	Auf dem Schulparkplatz an der Holtwicker Straße. Dort kann der Bus am besten ein- und ausladen.
Alesja:	Mich interessiert vor allem das Programm. Wann gehen wir denn in die Disco? Und wann müssen wir auf unseren Zimmern sein?
Frau Dierksen:	Mal langsam, so weit sind wir noch nicht. Zunächst ein paar Informationen zur Unterkunft. Wie ich euch schon gesagt habe, wohnen wir in einem einfachen Hotel, und zwar in dem Hotel Berolina in Berlin-Charlottenburg, Stuttgarter Platz 17. Dort gibt es strikte Verhaltensmaßregeln: Jeder zahlt eine Kaution von 25 €, die ihr zurückbekommt, wenn ihr euch tadellos verhalten habt. Das heißt, jeglicher Lärm ist verboten. Die Anwohner dort sind mittlerweile durch den ständigen Lärm der Gäste so genervt, dass sie ohne zu zögern das Ordnungsamt rufen. Daher müsst ihr wirklich Zimmerlautstärke einhalten und auf Musik verzichten.
Moritz:	Das ist doch wieder mal typisch! Da fahren wir einmal auf Klassenfahrt, und erlaubt wird uns nichts.
Marion:	Mensch Moritz, wir sind doch sowieso den ganzen Tag unterwegs und nutzen unsere Zimmer nur zum Schlafen.
Frau Dierksen:	Richtig, Marion. Noch etwas: Die Mädchen werden Vier-Bett-Zimmer bewohnen, für die Jungen sind zwei Fünf-Bett-Zimmer und ein Drei-Bett-Zimmer vorgesehen.
Alesja:	Wie sieht denn jetzt unser Programm aus? Dazu wollten Sie doch auch noch etwas sagen.

Frau Dierksen: Nun, wir haben zwei feste Programmpunkte, und zwar werden wir am Montagnachmittag eine Stadtführung zu Fuß vom Brandenburger Tor aus unternehmen. Am Mittwochmorgen besuchen wir den Reichstag. Dort habt ihr Gelegenheit, im Plenarsaal zu sitzen und etwas über den Bundestag zu erfahren. Anschließend werden wir auf die Kuppel steigen und die Aussicht genießen. Ihr seht, euch steht noch viel freie Zeit zur Verfügung. Im Vorfeld habt ihr ja schon eure Wünsche für Berlin geäußert. Einige möchten demzufolge zum Olympia-Stadion fahren, andere ins Sony-Center gehen. Ihr habt alle während der drei Tage Fahrkarten zur Verfügung, mit denen ihr die U-Bahn, die S-Bahn und den Bus nehmen könnt.

Alesja: Das heißt, wir können uns auch alleine in Berlin bewegen.

Frau Dierksen: Nicht ganz, Alesja. Ihr müsst mindestens zu dritt sein und euch bei mir oder den anderen Lehrern abmelden, damit wir wissen, was ihr vorhabt.

David: Das hört sich ja gar nicht so schlecht an. Hauptsache, wir können Berlin auch auf eigene Faust erkunden.

Frau Dierksen: Zum Schluss noch einige Hinweise: Ihr erhaltet alle einen Stadtplan, mit dem ihr euch in Berlin orientieren könnt. Ich lasse jetzt eine Liste herumgehen, in die ihr bitte eure Handy-Nummer eintragt, falls ihr eines habt und dieses auch mitnehmt. Solltet ihr in Kleingruppen unterwegs sein, seid ihr so für uns Lehrer im Bedarfsfall schnell zu erreichen. Denkt auch an eure Krankenkassenkarte. Gibt es noch Fragen?

Marion: Ich glaube, wir haben alles geklärt. Ich bin schon ganz kribbelig, wenn ich an die Fahrt denke. Es wird bestimmt richtig gut. (Ende 8.45 Uhr)

PROTOKOLL

Anlass der Besprechung:

Datum:

Beginn:

Ende:

Ort:

Anwesende:

Abwesende:

Protokollführer:

Tagesordnung:

TOP 1:

TOP 2:

TOP 3:

TOP 4:

TOP 5:

TIPP

*Ein **Lebenslauf**, meist in **tabellarischer** Form, gehört zu den schriftlichen Bewerbungsunterlagen an mögliche Arbeitgeber. Auch weiterführende Schulen benötigen einen Lebenslauf, der die wichtigsten Informationen und Daten zu einer Person enthält. Die äußere Form ist wichtig und bestimmte Daten müssen unbedingt enthalten sein, dennoch gibt es nicht den ein für alle Mal feststehenden Lebenslauf, sondern es sind durchaus Varianten möglich.*

1. *Verwende das folgende Beispiel als Muster und schreibe deinen persönlichen Lebenslauf. Achte auf die Zeilenabstände.*

LEBENSLAUF

Persönliche Daten

Name:	Cornelia Neumann
Anschrift:	Erle 27 46348 Raesfeld Tel. 0 28 65/8 78 78 Neuco@planetopia.de
Geburtsdatum:	30. Juni 1991
Geburtsort:	Wattenscheid
Eltern:	Karl-Heinz Neumann, Verwaltungsrat Elsbeth Neumann, geb. Grabosch, Steuerfachangestellte
Geschwister:	eine ältere Schwester

Schulbildung

1997–2001	Barkenberg-Grundschule in Wulfen
seit 2002	Anne-Frank-Realschule in Raesfeld
Neigungsfächer:	Deutsch, Sport, Geschichte
Schulabschluss:	voraussichtlich Fachoberschulreife im Juni 2006
Betriebspraktikum:	Fitness-Studio Fit for fun, Borken (3 Wochen im Herbst 2005)

Persönliche Interessen

Kenntnisse:	VHS-Kurs Tastenschreiben, Sprachen: Englisch, Französisch, Niederländisch Erfahrung mit Textverarbeitung und Power Point
Hobbys:	Mitglied bei den Cheerleadern und dem Deutschen Roten Kreuz (Jugendgruppe)

Raesfeld, 12. November 2005

Cornelia Neumann

1. *Unterstreiche in dem folgenden Gespräch alle Daten, die in einen Lebenslauf gehören, und schreibe dazu anschließend den passenden Lebenslauf.*

Katharina möchte ein freiwilliges Praktikum in einem Gartencenter machen, um ihre Chancen auf eine Ausbildungsstelle zu erhöhen. In einem ersten Gespräch mit dem Leiter des Gartencenters erzählt sie Folgendes über sich:

Danke, Herr Moubis, dass Sie sich Zeit für mich nehmen. Mein Name ist Katharina Neuber und ich bin 15 Jahre alt. Sie wollen wissen, was ich in meiner Freizeit unternehme? Nun, ich bin sehr kontaktfreudig und gerne mit Freunden unterwegs. Dabei habe ich einen bunt gemischten Freundeskreis: Einige meiner engsten Freunde sind mit mir im Computerclub, Annika, meine beste Freundin, spielt mit mir Basketball. Sie kenne ich bereits seit meiner Einschulung in die Grundschule an der Waldstraße in Coesfeld. Meine Güte, das war ja bereits 1997! Auch neue Bekanntschaften schließe ich schnell. Dabei achte ich aber darauf, dass wir gut zusammenpassen. Klara zum Beispiel habe ich an der Volkshochschule kennen gelernt. Wir beide haben dort einen Kurs im Tastenschreiben belegt. Zufällig haben wir beide am gleichen Tag Geburtstag, nämlich am 12. September 1991. Geboren und aufgewachsen bin ich hier in Coesfeld. Meine Mutter ist eine sehr selbstbewusste Frau. Mein Vater konnte sie partout nicht dazu überreden, bei ihrer Heirat seinen Namen anzunehmen. Also heißt mein Vater Georg Fischer, während meine Mutter und ich den gleichen Nachnamen führen. Nur ihr Vorname gefällt mir besser. Sie heißt nämlich Marie. Auch wenn mein Vater am liebsten jede freie Minute an seinem Auto herumbastelt, ist er dennoch nicht Kfz-Mechaniker, sondern Bankkaufmann. Meine Mutter ist Rechtsanwältin. Mein älterer Bruder hat einmal gesagt, dass unsere Mutter auch zu Hause von ihrem Beruf nicht loskommt. Auch da hätte sie immer Recht. Sie fragen, ob ich bereits ein Praktikum gemacht habe. An der Jeanette-Wolff-Realschule hier in Coesfeld wird in der 9. Klasse immer ein Betriebspraktikum durchgeführt. Daher war ich vor den Sommerferien drei Wochen bei der Spedition Sander. Meine Lieblingsfächer Mathematik und Englisch konnte ich dort gut anwenden. Obwohl mir der Einblick in den Beruf der Bürokauffrau gefallen hat, denke ich, dass mir ein kreativer Beruf, wie der der Floristin, eher liegt. Nach meiner Fachoberschulreife am Ende dieses Schuljahres, das heißt im Juni, möchte ich gerne eine Ausbildungsstelle als Floristin antreten. Deshalb möchte ich jetzt zuvor bei Ihnen ein Praktikum absolvieren. Ich lasse Ihnen gerne meine Adresse hier. Ich wohne nicht weit entfernt von Ihrem Gartencenter, nämlich in der Dimker Allee 126. Die Postleitzahl von Coesfeld kennen Sie ja, nicht wahr? Es ist die 48653. Falls Sie mich unter unserer Telefonnummer, der 02541/22143 nicht erreichen sollten, so können Sie mir auch eine E-Mail schicken. Meine Mail-Adresse lautet: Kathi@planet.de. Vielen Dank, dass ich mich Ihnen vorstellen durfte.

Daniel Kleine-Gehldorf
Drostenweg 5
48727 Billerbeck
Tel.: 0 25 43/1 87 90
Daniel@tell.de

Billerbeck, 21. Januar 2006

Firma
J. W. Odendahl GmbH & Co.KG
Herrn Christian Fuhrmann
Sendener Str. 2

48653 Coesfeld

Bewerbung um einen Ausbildungsplatz als Chemielaborant
Ihr Inserat im Billerbecker Anzeiger vom 19. Januar 2006

Sehr geehrter Herr Fuhrmann,

mit großem Interesse habe ich Ihr Inserat im Billerbecker Anzeiger gelesen und bewerbe mich um den von Ihnen angebotenen Ausbildungsplatz zum Chemielaboranten.

Zurzeit besuche ich die Jeannette-Wolff-Realschule in Coesfeld, die ich voraussichtlich im Juni 2006 mit der Fachoberschulreife verlassen werde.

Nach meinem Praktikum bei der Firma Violetta, ebenfalls einem Chemie-Unternehmen, hat sich mein Interesse an dem Berufsbild des Chemielaboranten weiter gefestigt. Ich bin der Überzeugung, dass ich für den Beruf sehr gut geeignet bin, da ich mich bereits in der Schule sehr für die Naturwissenschaften, besonders für das Fach Chemie, interessiert habe und darin gut benotet worden bin. Die Firma Odendahl ist ein Traditionsbetrieb, der seit über hundert Jahren einen sehr guten Ruf in Coesfeld hat. Mit Ihren hochwertigen Kunststoffprodukten sind Sie aber auch international bekannt und erfolgreich. Ich weiß, dass Sie ein modernes Unternehmen sind, das innovative Projekte verfolgt und regelmäßig Auszubildende einstellt.
Über die Einladung zu einem persönlichen Vorstellungsgespräch würde ich mich sehr freuen.

Mit freundlichen Grüßen

Daniel Kleine-Gehldorf

Anlagen:
Lebenslauf mit Foto
Kopien der letzten Zeugnisse
Praktikumsbeurteilung

TIPP

*Ein **Bewerbungsschreiben** ist Werbung in eigener Sache. Du solltest also darin erläutern, warum du dich für geeignet hältst. Einen guten Eindruck machst du, wenn du kurz begründest, warum du gerade in diesem Unternehmen arbeiten möchtest und schon einige Informationen darüber gesammelt hast. Du zeigst damit, dass du dich wirklich für die Firma interessierst. Die Blatteinteilung deines Schreibens ist ebenfalls wichtig. Du musst Absätze einfügen und den Text übersichtlich gestalten. Du solltest dich zudem höflich äußern, ohne dabei unterwürfig zu klingen. Wähle Formulierungen wie:* Sehr geehrte Damen und Herren, Mit freundlichen Grüßen. *Verzichte auf zu vertrauliche Formulierungen* (Lieber Herr ...) *und auf altmodische Wendungen* (Hochachtungsvoll ...).

*Was du für eine **gute Bewerbung** noch beachten solltest:*

- *Steht eine Telefonnummer in der Anzeige, rufe gleich an und stelle weitere Fragen zu Unternehmen und Ausbildung (allerdings nicht unbedingt zum Geld).*
- *Gib dir Mühe bei der Auswahl des Fotos, gehe am besten zum Fotografen.*
- *Kaufe im Schreibwarenladen eine „Bewerbungsmappe" für deine Papiere.*
- *Beachte den Termin: Auch wenn kein Einsendeschluss genannt ist, sollte deine Bewerbung spätestens zwei Wochen nach Erscheinen der Anzeige eintreffen.*
- *Wenn du zwei Wochen nach Einsendung nichts gehört hast: Rufe an und frage nach!*

*Wenn du eine Einladung zum **Vorstellungsgespräch** bekommst:*

- *Sammele weitere Informationen über die Firma.*
- *Überlege dir Fragen, die im Gespräch dein Interesse (deine Vorkenntnisse) zeigen.*
- *Überlege dir vorher, was du auf die beiden Standardfragen antwortest: „Was haben Sie bisher gemacht?" und „Warum möchten Sie diese Ausbildung bei uns anfangen?"*
- *Ziehe dich ordentlich an, sei pünktlich und gehe ausgeruht in das Gespräch.*

1. *Bewirb dich auf eine der ausgeschriebenen Ausbildungsstellen. Schreibe deine Bewerbung anhand des Musters von Seite 92.*

Billerbecker Anzeiger, 15.01.2006

Die Firma SEDAG ist einer der größten Umweltdienstleister der Region. Wir suchen junge, dynamische Menschen (w/m) mit Zielen und eigenen Ideen.

Auszubildende zum 1. August 2006:

Industriekaufleute	Voraussetzung: Fachoberschulreife
Bürokaufleute	Voraussetzung: Fachoberschulreife mit Qual.
Mechatroniker	Voraussetzung: Hauptschulabschluss n. Kl. 10

Überzeugen Sie uns mit einer persönlichen Bewerbung, die die üblichen Unterlagen enthält.

SEDAG ▪ Personalabteilung Frau Müntjes ▪ Ginsterweg 1–3 ▪ 45880 Duisburg ▪ Tel. 05337/874300

Das kannst du jetzt

Analysieren

Einen **erzählenden Text**, beispielsweise eine **Kurzgeschichte**, ein **Gedicht** oder aber einen **Roman** zu analysieren, heißt, dass man sich mit dem Inhalt, der Form und der Sprache sowie der dadurch entstandenen Wirkungsabsicht auseinandersetzt und so erklärt, wie man den jeweiligen Text verstanden hat. Auch der Entstehungshintergrund sollte bedacht werden. Erst aus diesen Beziehungen ergeben sich Deutungsmöglichkeiten, die am Text durch Zitate belegt werden müssen. Der Aufbau einer Analyse eines erzählenden Textes gliedert sich in Einleitung, Hauptteil und Schluss. Die Einleitung enthält Angaben zum Titel, zum Autor, zum Erscheinungsjahr, zur Textsorte und zum Thema des Textes. Im Hauptteil erfolgt die Untersuchung des Textes. Dabei werden der Inhalt, der Aufbau, Sprache und Stil genau untersucht, und es werden Deutungsmöglichkeiten entwickelt. Im Schlussteil erfolgt eine Gesamtdeutung des Textes mit Bewertung.

Sachtexte haben vorwiegend einen informierenden oder appellierenden Charakter. Bei der Analyse einer **Rede** müssen folglich nach der Nennung des Themas auch Angaben zur Redesituation und zu den Zielen des Redners gemacht werden. Entscheidend bei einer Analyse ist die Frage, wie diese Ziele und Absichten sprachlich umgesetzt werden, um die gewünschte Wirkung zu erzielen. So muss auf rhetorische Mittel, die Wortwahl und Satzstrukturen eingegangen werden. Im Schlussteil der Analyse steht eine Bewertung der Rede.

Bei der Analyse einer **Werbeanzeige** muss die Werbebotschaft herausgearbeitet werden. Für den Text bedeutet dies: Slogan, Überschrift, Produktname, Informationstext, rhetorische Mittel. Für das Layout gelten: Blickfang (Eyecatcher), Fotos / Zeichnungen, Formen / Farben, Werbeträger / Personen, grafische Effekte. In der Einleitung werden das Produkt und die Art der Anzeige kurz vorgestellt sowie eine erste Vermutung bezüglich der Wirkung auf die Zielgruppe abgegeben. Im Hauptteil erfolgt eine detaillierte Bildbeschreibung. Ferner wird auf die eingesetzten Textelemente und die sprachlichen Mittel eingegangen, und diese werden in Beziehung zueinander gesetzt. Damit verknüpft wird die Wirkung auf die Zielgruppe. Im Schlussteil werden ein Überblick über die Wirkung der Anzeige gegeben und die Zielgruppe genannt. Auch hier erfolgt eine persönliche Bewertung der Anzeige.

Argumentieren

Im Alltag muss man in verschiedenen Situationen seine Meinung äußern und vertreten, zum Beispiel in Diskussionen oder Streitgesprächen. Auch in schriftlichen Texten werden Standpunkte mit verschiedenen Zielsetzungen vertreten: Um öffentlich eine Meinung zu äußern, um zu appellieren oder um wertend Stellung zu einem Sachverhalt zu beziehen. In Kommentaren oder Leserbriefen setzen sich die Verfasser mit einem Sachverhalt auseinander und stellen die eigene Position dar. Auch in satirischen Texten, wie Glosse, Parodie, Satire und Karikatur wird aufgrund der übertriebenen Darstellung indirekt die Kritik des Verfassers deutlich.
Um jemanden überzeugen zu können, muss man nicht nur gut über das Thema informiert sein, sondern eigene Thesen aufstellen und sie mit Argumenten stützen sowie Gegenargumente entkräften können. Thesen sind Standpunkte, die behaupten, werten, empfehlen bzw. etwas fordern. Um mit Argumenten überzeugen zu können, müssen diese durch Belege oder Beispiele gestützt werden.

Erörtern

Bei einer schriftlichen Erörterung unterscheidet man die freie und die textgebundene Erörterung. Bei der freien Erörterung äußert man zu einer bestimmten Fragestellung seinen Standpunkt, während man sich bei der textgebundenen Erörterung mit den im Text aufgeworfenen Thesen und Argumenten auseinandersetzt. Ziel ist es, zu einem begründeten persönlichen Urteil zu kommen. Man unterscheidet zwei Formen der schriftlichen Erörterung:

1. *Die geradlinige oder steigende Erörterung (lineare Form):*
   Aufgrund der Fragestellung wird nur die Darstellung einer Seite des Problems verlangt. Die Argumente werden der Wichtigkeit nach aufgebaut; so erreicht man eine Steigerung. Hierbei können auch Gegenargumente aufgegriffen und entkräftet werden.
2. *Pro-und-Kontra-Erörterung:*
   Zwei gegensätzliche Positionen werden im Detail erfasst und gegeneinander abgewogen. Abschließend muss begründet deutlich werden, welchen Standpunkt der Autor vertritt oder zu welcher Seite er tendiert.

Die Arbeitsschritte einer schriftlichen Argumentation gliedern sich wie folgt:
Zunächst wird eine ungeordnete Stoffsammlung angelegt, anschließend wird diese nach Thesen und Begründungen geordnet und mit Belegen und Beispielen gestützt. In der Einleitung wird der Leser an das Thema herangeführt und sein Interesse geweckt. Im Hauptteil werden die Argumente so entfaltet, dass sie den Leser überzeugen. Zum Schluss wird der eigene Standpunkt noch einmal zusammenfassend formuliert.

Filmkritik und Rezension

Filmkritiker orientieren sich bei ihren Rezensionen nicht nur am Inhalt der Filme, sondern gehen auch auf die Figuren und Schauspielerleistungen, auf Schauplätze und Ausstattungen ein. Auch die technischen Komponenten eines Films können kritisiert werden: Kameraführung, Ton und Musik, Sprache und Geräusche werden beachtet. Anschließend formuliert der Kritiker eine Bewertung. Bei dem Versuch, eine Filmkritik zu schreiben, sollte man zunächst Schwerpunkte setzen.

Protokollieren

Man unterscheidet das Verlaufs- und das Ergebnisprotokoll. Das Verlaufsprotokoll hält den Ablauf eines Geschehens fest, beispielsweise den Verlauf eines Experimentes oder die Wiedergabe einer Diskussion, während ein Ergebnisprotokoll lediglich die Ergebnisse festhält. Protokolle dienen als Gedächtnisstütze. Der Protokollkopf beinhaltet folgende Angaben: Anlass der Veranstaltung, Zeit, Ort, Teilnehmer, Abwesende, Name des Protokollführers, Tagesordnungspunkte. Am Ende des Protokolls unterschreibt der Protokollführer.
Ein Protokoll wird im Präsens geschrieben, die Redebeiträge in der indirekten Rede wiedergegeben.

Lebenslauf und Bewerbung

Ein Lebenslauf, meist in tabellarischer Form, gehört zu den schriftlichen Bewerbungsunterlagen und enthält die wichtigsten Informationen und Daten zu einer Person. Der Lebenslauf gehört zwar zu den standardisierten Textformen, dennoch sind verschiedene Varianten möglich.
Ein Bewerbungsschreiben ist Werbung in eigener Sache. Es enthält Begründungen für die Berufswahl und auch Begründungen für die Wahl des Unternehmens. Es muss übersichtlich gestaltet sein, das heißt, die Blatteinteilung muss Absätze enthalten und der Text klar gegliedert sein. Die Sprache ist höflich, aber nicht unterwürfig.

TEST AUFSÄTZE & STANDARDTEXTE

1. *Notiere, auf welche Punkte du bei der Analyse einer Kurzgeschichte eingehen solltest.*

2. *Schreibe auf, was in die Einleitung einer Analyse epischer und lyrischer Texte gehört.*

3. *Bestimme Metrum und Reimschema in den folgenden Gedichten.*

Deutschland vor,
noch ein Tor.

Christine –
nun bist du endlich 18 Jahr'.
Für dich ist alles wunderbar,
doch sieht es einmal traurig aus,
hier hast du immer ein Zuhaus'.

„Wünschelrute" von J. von Eichendorff:
Schläft ein Lied in allen Dingen,
Die da träumen fort und fort.
Und die Welt hebt an zu singen,
Triffst du nur das Zauberwort!

Trenne nun das s vom t,
denn das tut jetzt nicht mehr weh!

4. *An welchen Fragen kannst du dich orientieren, wenn du die Situation, in der eine Rede gehalten wird, beschreiben willst?*

5. *Was will die Autorin mit ihrem Kommentar kritisieren? Nenne ihr Ziel, den Adressaten und die von ihr formulierten Thesen.*

Freispruch für einen Hitler-Gruß – Ein Skandal-Urteil

Von Angelika Wölk

Man reibt sich die Augen, weil man es nicht fassen kann: Da spricht ein Richter in Bochum einen Angeklagten frei, der laut Aussage von zwei Zivil-Polizisten vor zig Bussen mit Fußball-Fans „kerzengerade" den Hitler-Gruß gezeigt haben soll. Kaum nachvollziehbar ist die Urteilsbegründung: Dem Angeklagten könne nicht nachgewiesen werden, dass er wusste, was er tat. Im Umkehrschluss hieße das: Der Hitlergruß wäre nur strafbar, wenn er von einem stadtbekannten Rechtsradikalen gezeigt wird. Das kann doch wohl nicht wahr sein! Ist das Recht wirklich eine stumpfe Waffe im Kampf gegen Rechtsextreme? Oder wurde es „nur" stumpf ausgelegt? Das ist ein Skandal-Urteil. Das sind sie, die viel zitierten Samthandschuhe, mit denen mancherorts die Ewiggestrigen angefasst werden. Ganz gleich, aus welchen Motiven das auch geschieht – im Kampf gegen die Gegner der Demokratie kann nur Null Toleranz gelten. Alles andere ist feige und verantwortungslos. Oder nur hilflos? Hilflosigkeit offenbart sich im Moment auf mehreren Ebenen. Auch Politiker haben dem braunen Sumpf wenig Substanzielles entgegenzusetzen. Ahnungslos zeigten sich gerade die demokratischen Parteien im sächsischen Landtag. Sie ließen sich regelrecht übertölpeln. Während sich in der braunen Anhängerschaft herumgesprochen hatte, dass es einen medienwirksamen Auftritt im Landtag geben würde und NPD-Fans die Zuschauerbänke füllten, blieben die anderen Parteien samt Ministerpräsident untätig. Und in NRW ist man überrascht, dass NPD und DVU geschlossen zur Wahl antreten wollen – Wochen, nachdem sie diese neue Strategie für sich entdeckt haben. NRW müsste längst an Gegenstrategien arbeiten. Es darf nicht sein, dass die abstoßend Unanständigen den Takt vorgeben. Der Aufstand der Anständigen muss schneller, gezielter und entschiedener kommen – auf allen Ebenen.

(WAZ vom 02.02.2005)

Ziel:

Thesen:

Adressat:

6. *Ordne den folgenden Werbeslogan und Produktnamen die Bezeichnungen der sprachlichen Mittel zu:*

Haribo macht Kinder froh und Erwachsene ebenso!

Marathon-Batterie

Milch macht müde Männer munter!

Have a break – Have a kitkat.

Im Falle eines Falles klebt UHU einfach alles!

Nichts ist unmöglich – Toyota

Pack den Tiger in den Tank

Geschmacks-Geheimnis

Mars macht mobil, bei Arbeit, Sport und Spiel

Was wollt ihr denn? Maoam

Herzhaft frisch, würzig fein, wir haun' rein!

7. *Notiere, auf welche Aspekte der Filmkritiker in seiner Rezension eingeht.*

In „Sideways“ ziehen die beiden ungleichen Freunde Miles und Jack ins kalifornische Weinanbaugebiet und reden dort über Wein und das Leben. „Sideways“ ist eine der großen Überraschungen auf dem amerikanischen Kinomarkt. Der eher unspektakuläre Buddy-Movie gewann Mitte Januar den Golden Globe als beste Komödie und erhielt fünf Oscar-Nominierungen. „Sideways“ ist zwar die Produktion eines großen Studios, erinnert aber von Thema und Erzählweise an einen Independent-Film und kostete nur ungefähr ein Zehntel des Budgets, das der diesjährige Oscar-Favorit „Aviator“ verschlang. Für den bescheidenen Aufwand bekommt man zwar keine Special Effects, außer einem gemütlich gegen einen Baum rollenden Käfer, und keine Action, außer einem gebrochenen Nasenbein, aber dafür hervorragende Schauspieler und glänzende Dialoge. Und es ist ein Film, den man sich getrost auch mit den Eltern ansehen kann, schließlich geht es in ihm auch um Themen, die Menschen interessieren, die ihre Schulzeit schon hinter sich gebracht haben.
(nach: Thomas Winkler, in: www.fluter.de, 2005)

8. *Fülle mit den Angaben der Einladung den Protokollkopf aus.*

Liebe Sportlerinnen und Sportler,
zur diesjährigen Jugendversammlung unseres Sportvereins Eintracht Erle treffen wir uns am 12. Februar um 18.00 Uhr in unserem Sportlerheim. Unsere Vorsitzende Lena Mertens ist leider verhindert. Wir müssen über die Organisation unseres Fußballturniers reden. Vorab finden die diesjährigen Wahlen statt. Wir sollten auch besprechen, welche Anschaffungen wir tätigen. Am Ende ist sicher noch Zeit, um auf Verschiedenes einzugehen. Vermutlich wird die Versammlung nicht länger als eine Stunde dauern. Das Protokoll werde ich übernehmen.
Mit sportlichem Gruß
Holger Graute

Protokoll

Anlass der Besprechung:		
Datum:	Beginn:	Ende:
Ort:		
Anwesende:		
Abwesende:		
Protokollführer:		
Tagesordnung:		
TOP 1:		
TOP 2:		
TOP 3:		
TOP 4		

9. *Erkläre den Unterschied zwischen einem Verlaufs- und einem Ergebnisprotokoll.*

10. *Wie ist ein stichhaltiges Argument aufgebaut?*

11. *Was gehört in einen Lebenslauf? Streiche Unwichtiges und sortiere die Elemente.*

Urlaubsreiseziele

Geburtsdatum

Geburtsort

Neigungsfächer

Gesundheitszustand

Hobbys

Persönliche Daten

Geschwister

Name

Persönliche Interessen

Betriebspraktikum

Unterschrift

Beruf der Eltern

Noten des letzten Zeugnisses

BEWERTUNG

0 – 2	FEHLER:	SEHR GUT
3 – 6	FEHLER:	GUT
7 – 10	FEHLER:	BEFRIEDIGEND
11 – 14	FEHLER:	AUSREICHEND
ÜBER 14	FEHLER:	DU MUSST NOCH ÜBEN!

ABSCHLUSSTEST

1. *Groß oder klein? Unterstreiche die Wörter, die du großschreiben musst.*

WIE HEIẞT DER TITEL?

DIESER ROMAN IST KEINE ABENTEUERGESCHICHTE UND KEINE ROBINSONADE, WIE SIE ZU DER ZEIT HÄUFIG WAREN. ER IST VIELMEHR PSYCHOLOGISCH AUSGERICHTET UND STELLT DIE SEELISCHEN VORGÄNGE IN EINEM EMPFINDSAMEN, FANTASIEVOLLEN MENSCHEN IN DEN VORDERGRUND. DIESER SCHWÄRMER VERLIEBT SICH OHNE WENN UND ABER IN EIN HÜBSCHES MÄDCHEN, DAS IHM WESENSVERWANDT IST, ABER SCHON MIT EINEM BRAVEN MANN VERLOBT IST, DER FÜR ORDNUNG UND EMSIGKEIT STADTBEKANNT IST. DIE LIEBE KANN FÜR DIE HAUPTPERSON NICHT GLÜCKLICH ENDEN. DIE BEIDEN GEHEN NICHT DURCH DICK UND DÜNN. IHN BELASTET DAS GEFÜHL, SCHULD ZU SEIN AN DER MISSLUNGENEN BEZIEHUNG, UND ER STEHT VOR DEM NICHTS. VON FRÜH BIS SPÄT DENKT ER AN SIE. ÜBER KURZ ODER LANG BLITZT IN IHM DER GEDANKE AUF, DASS ER DEN KERKER SEINES KÖRPERS OHNE WEITERES VERLASSEN KÖNNE, WANN ER WOLLE. DAS VERFASSEN DES ROMANS IN BRIEFFORM ERHÖHTE DIE MÖGLICHKEIT DES EINFÜHLENS IN DEN UNGLÜCKLICHEN UND WAR ZUR DAMALIGEN ZEIT ETWAS BESONDERES. WAS DEN VERFASSER DIESES WERKES STÖRTE, WAR DAS STARKE INTERESSE SEINER LESERSCHAFT AN DER FRAGE, WAS DENN AN DER SACHE WAHR SEI. KANNST DU ERRATEN, IN WELCHEM ROMAN DER PROTAGONIST DIESEM STÄNDIGEN AUF UND AB AUSGESETZT IST?

Lösung: Johann W. v. Goethe: Die Leiden des jungen Werther

2. *Getrennt oder zusammen? Streiche die falsche Variante durch.*

a) Die Polizei wollte den Verbrecher gefangen nehmen / gefangennehmen.
b) Trotz Publikum konnte sie ihn nicht bloßstellen / bloß stellen.
c) Eigentlich war es nicht sein Ziel schwarzzuarbeiten / schwarz zu arbeiten.
d) Für ihr Alter kann sie schon gut schreiben / gutschreiben.
e) In der Verhandlung wurde er aber freigesprochen / frei gesprochen.
f) Sie liebäugelte / lieb äugelte mit dem silbernen, aber teureren Ring.
g) Gedichte auswendig lernen / auswendiglernen, fiel ihm nicht leicht.
h) Vor dem Marktstand der Konditorei musste man Schlange stehen / Schlangestehen.
i) Das Paar schwor sich, es wolle niemals auseinander gehen / auseinandergehen.
j) Vor Freudestrahlend / Vor Freude strahlend hielt er den Pokal hoch.

3. *Fremdwörter: Bilde aus diesen Wörtern Nomen mit Artikel.*

dokumentieren	die Dokumentation
existieren	
kandidieren	

korrespondieren
simulieren
präparieren
subtrahieren
brillant
aktuell
kompetent
sensationell

4. *In diesem Text fehlen sämtliche Satzzeichen (Satzschlusszeichen und Kommas). Ergänze sie. Korrigiere auch die Satzanfänge.*

Die Katastrophe

Vom Untergang der Titanic waren 1912 Junge und Alte Kleine und Große betroffen der Tod machte weder vor Reich noch vor Arm Halt dieses Schiffsunglück das in unseren Tagen zum modernen Mythos geworden ist lässt so viele Jahre danach noch die Kassen klingeln denn immer neue Sachbücher werden verfasst Filme gedreht Musicals geschrieben Katastrophen-Menüs gekocht selbst die Lust die Originalmusik beim Dinner zu hören verdirbt nicht den Appetit Titanic-Fan-Clubs voll auf Untergang eingestellt verkaufen weltweit T-Shirts Schlüsselanhänger sowie Aufkleber mit Zeichnungen des sinkenden Schiffes es werden sowohl Magazine angeboten als auch Abenteuerspiele die glaubwürdig die Originaluntergangssituation simulieren welche bei eingefleischten Fans besonders beliebt ist dies ist sicher geschäftstüchtig clever und profitabel jedoch auch makaber und abwegig

5. *Unterstreiche die Indikativformen und setze die Sätze in die indirekte Rede.*

Der bündnisgrüne Bundestagskandidat Hermann Reyher warnt vor dem häufigen Gebrauch von Handys:

Mobilfunk ist eine Gefahr für die Bürger.

Die Frage, ob die von Mobilfunk-Masten ausgehende Strahlung gefährlich ist, tritt eher in den Hintergrund, da das Telefonieren mit dem Handy weitaus gefährlicher sein kann:

10 Minuten mit dem Handy zu telefonieren bewirkt in etwa die Dosis von Strahlen, der man ausgesetzt ist, wenn man einen ganzen Tag in 50 Metern Entfernung von einer Mobilfunkanlage verbringt.

ABSCHLUSSTEST

Solange es keine gesicherten Erkenntnisse in Bezug auf die Gefährdung gibt, muss man sensibel sein und verantwortlich mit dieser Technologie umgehen.
Denn diese Strahlung kann Konzentrationsstörungen oder Schlaflosigkeit verursachen und sogar Krebserkrankungen auslösen.
Deshalb soll man Handys nicht in der Nähe lebenswichtiger Organe tragen.

6. *Setze die Aktivsätze ins Passiv und die Passivsätze ins Aktiv.*

a) Über 4 Millionen Menschen suchen in Deutschland zurzeit einen Job.

b) Viele Chefs schenken nur einem Bruchteil der Bewerbungen Beachtung.

c) Die Bewerber werden bis ins Kleinste von eigens geschultem Personal durchleuchtet.

d) Besonders Ausbildungssuchende müssen viel Geduld beweisen.

e) Schulnoten wurden von Betrieben noch nie so hoch gewichtet wie heute.

7. *Achtung Satzbaufehler! Verändere die Sätze so, dass sie grammatikalisch richtig sind.*

a) Für die weltweite Erwärmung wird vor allem Kohlendioxid-Emissionen verantwortlich gemacht.

b) Ich bin zu spät gekommen, weil du hast mir die falsche Zeit genannt.

c) Die Berghütte liegt oberhalb dem Lift.

d) Die Kurzgeschichte handelt um einen Mann, der nach Kriegsende nach Hause kommt und dort alles zerstört findet.

e) Im Juli diesen Jahres werde ich die Schule verlassen.

8. *Um welche Stilmittel handelt es sich in den folgenden Zitaten? Notiere.*

a) „Er kam, sah und siegte." Klimax

b) „Er schmeckt wie starker Wein.“

c) Regen rauscht auf den Rummel.

d) Worte sind verletzend. Worte sind unersetzlich.

e) Schwarze Milch

f) bittersüß

g) Wüstenschiff

h) Nichts ist unmöglich.

9. *Benenne diese Metren:*

x́x	xx́	x́xx	xxx́

10. *Was ist eine Ballade?*

11. *Welche Faktoren in einer Werbeanzeige ergeben die Wirkung und das Image eines Produktes? Nenne mindestens 6.*

12. *Ergänze die Lücken.*

Ein Text, in dem zu einer Fragestellung die Argumente nur einer Seite des Problems der Wichtigkeit nach aufeinander aufgebaut werden, nennt man ______ Erörterung. Werden gegensätzliche Positionen erfasst und gegeneinander abgewogen, nennt man das eine ______ Erörterung.

Eine Argumentationskette besteht aus mehreren ______ die jeweils folgendermaßen aufgebaut sind: ______.

BEWERTUNG

0 – 4 FEHLER: SEHR GUT
5 – 6 FEHLER: GUT
7 – 10 FEHLER: BEFRIEDIGEND
11 – 14 FEHLER: AUSREICHEND
ÜBER 14 FEHLER: DU MUSST NOCH ÜBEN!

Texte überarbeiten

Bevor du eine endgültige Fassung eines selbst geschriebenen Textes erstellst, solltest du ihn zuvor überarbeiten. Grundsätzlich gilt:
- Mit etwas zeitlichem Abstand entdeckst du eher Fehler und Optimierungsmöglichkeiten als unmittelbar nach der Abfassung.
- Wichtig ist es, dass du eigene Schwächen oder Fehlerschwerpunkte kennst, um bei wiederholtem Lesen deinen Text gezielt daraufhin überprüfen zu können.

TIPP

Prüfe, ob du den Bezug zum Thema eingehalten und deine Absicht (informieren, appellieren, ...) durch den gewählten Inhalt und die Formulierungen erreicht hast. Dabei spielt vor allem der Adressat eine wichtige Rolle. Zudem orientierst du dich an den speziellen Kriterien jeder Textart.

Es gibt einige Fragen, die beim Schreiben jeder Textart wichtig sind. Du kannst sie dir wie Bausteine passend zusammenstellen:
Wird dem Leser klar, worum es geht?
- ✓ Ist der Text für den Adressaten angemessen formuliert? Fühlt er sich angesprochen?
- ✓ Hast du deine Zielsetzung erreicht?
- ✓ Werden die Schwerpunkte deutlich und bleibst du beim Thema?
- ✓ Sind die Beschreibungen, Beobachtungen und Schlussfolgerungen verständlich? Werden sie durch Beispiele und Zitate belegt?
- ✓ Ist der Text übersichtlich gegliedert (Einleitung, Hauptteil, Schluss)?
- ✓ Ist die Reihenfolge der Gliederungsschritte sinnvoll und logisch?

Abschließend kontrollierst du, ob der Text, den du geschrieben hast, grammatikalisch korrekt ist. Natürlich überprüfst du auch Rechtschreibung und Zeichensetzung.
- ✓ Besteht dein Text aus vollständigen Sätzen?
- ✓ Hast du die Sätze variabel gestaltet und abwechslungsreich, genau, anschaulich und angemessen formuliert?
- ✓ Werden unbekannte Begriffe erklärt?
- ✓ Lässt sich der sprachliche Ausdruck durch die Ersatz-, Umstell-, Erweiterungs- oder Weglassprobe verbessern?
- ✓ Werden Wiederholungen und Floskeln vermieden?
- ✓ Sind die Sätze sinnvoll miteinander verknüpft? Werden Zusammenhänge klar?
- ✓ Hast du auf deine typischen Fehlerschwerpunkte geachtet, zum Beispiel Großschreibung, Zeichensetzung bei Relativsätzen, Tempusgebrauch ...?
- ✓ Ist die äußere Form ansprechend: Überschrift, Rand, Schrift?
- ✓ Sind die Absätze sinnvoll gesetzt?

ÜBUNGSTIPP

Setze dir jeweils nur ein oder zwei Ziele: Das will ich in meinem nächsten Text vermeiden / verbessern. Darauf achte ich besonders.

Referate verfassen und halten

TIPP

Wenn du in der Schule ein ***mündliches oder schriftliches Referat*** *halten sollst, wird dir häufig ein Thema vorgegeben; bei einer* ***Facharbeit*** *musst du selbst Vorschläge machen, das Thema formulieren und eigene Schwerpunkte setzen. Dabei solltest du auch eigene Interessen berücksichtigen.*

A) Um dir einen Überblick über dein **eigenes Vorwissen** zu verschaffen, erstelle zuerst ein Cluster oder eine Mind-Map, z. B.:

Max Frisch

Lebenslauf:
1911 geboren
Germanistik studiert
...

Thematik:
Zwiespältigkeit und Zerrissenheit der menschlichen Existenz ...

Werke:
Stiller (Roman), 1954
Herr Biedermann und die Brandstifter (Hörspiel), 1956 ...

Beziehung zu Frauen:
Beispiel Homo faber (Ivy, Sabeth, Hanna) ...

B) In einem zweiten Schritt solltest du deine **Informationsrecherche** planen. Dazu kannst du dich an den folgenden Fragen orientieren:

Max Frisch
Was will/soll ich noch wissen/berücksichtigen?
- Beziehung zu Frauen (Schwerpunkt)
- wichtigste Werke / Textarten
- Entwicklung in seinem Werk ...

Max Frisch
Was interessiert meine Zuhörer besonders?
- interessante Textpassagen als Beispiele ...

Max Frisch
Wo finde ich Informationen zu den Einzelthemen?
- Stadtbücherei
- Lexikon meiner Eltern
- Verfilmungen
- Internet (Stichworte: Homo Faber ...) ...

C) Nun begibst du dich auf **Materialrecherche**:
- Leihbüchereien verfügen über Kataloge, die in Dateiform systematisch geordnet allen Besuchern zugänglich sind. Du gibst Stichworte, Autoren, Titel ein und erhältst eine Fülle von Angaben über Bücher, Zeitungen und Zeitschriften, Videos und CD-Roms. In Freihandbibliotheken kannst du nun stöbern und beim ersten Schmökern das Material heraussuchen, das du später benötigen könntest.
- Weitere Literaturtipps erhältst du außerdem in den Bibliografien der einzelnen Bücher, die zumeist im Anhang genannt werden.
- Bei der Recherche im Internet helfen dir so genannte Suchmaschinen, wie z. B. www.google.de, weiter. Auch hier gibst du Stichworte, oder besser: Stichwortkombinationen ein. Du erhältst zumeist eine Vielzahl von Einträgen zu deinem Thema. Achte beim Ausdrucken darauf, dass die Artikel, Aufsätze oder wissenschaftlichen Arbeiten sich auf dein Thema beziehen und dass die genaue Internet-Adresse vermerkt ist.

- Ebenso kannst du in Buchhandlungen, bei Zeitungs- und Zeitschriftenverlagen, Institutionen, Firmen oder öffentlichen Einrichtungen recherchieren. Oftmals ist es ebenso wichtig, Aussagen oder Interviews von Personen einzuholen.

D) Als nächsten Schritt musst du dein **Material auswerten**. Dabei nutzt du die dir bekannten Methoden der Texterschließung: Schlüsselwörter markieren, unbekannte Begriffe klären, Wichtiges unterstreichen, Sinnabschnitte bilden und mit Zwischenüberschriften versehen (vgl. S. 56). Bei dieser Arbeit solltest du Zitate, die du als Belege verwenden willst, farbig markieren oder auf Karteikarten herausschreiben; vermerke auch die Quelle. Literatur, die nicht geeignet ist, solltest du gleich beiseite legen, um nicht den Überblick zu verlieren.

E) Nun erstellst du eine **Gliederung**: Die Einzelthemen ordnest du nach Ober- und Unterthemen an. Dabei solltest du vom Allgemeinen ins Detaillierte strukturieren, z. B.

Das Frauenbild in den Romanen von Max Frisch

A) Inhaltsverzeichnis
   1. Einleitung/Vorwort
   2. Zum Leben Max Frischs
   2.1 Lebenslauf
   2.2 Beruflicher Werdegang
   2.3 Wesentliche Werke
   ...
B) Literaturverzeichnis
C) Anhang

F) Bei der **Formulierung eines schriftlichen Referats** solltest du darauf achten, dass deine Ausführungen jeweils zum Unterthema passen, dass du Zitate richtig kennzeichnest (vgl. S. 25), und dass du Worterklärungen, Quellenangaben o. Ä. in Fußnoten ergänzt, um den Text besser lesbar zu halten.

G) Zur **Vorbereitung eines Vortrags** notierst du dir die wesentlichen Stichpunkte geordnet nach Einzelthemen auf Karteikarten, damit du frei vortragen kannst. Du überlegst dir eine Einleitung, mit der du das Interesse der Zuhörer weckst und in der du dein Thema vorstellst. Auch den Schluss solltest du dir vorher überlegen: Wesentliches betonen, Fazit nennen. Stelle dich darauf ein, dass deine Zuhörer abschließend noch Fragen stellen möchten, und plane Zeit dafür ein. Ganz wichtig ist es, den Vortrag abwechslungsreich und verständlich zu gestalten, damit dir deine Zuhörer folgen und sich möglichst viel merken können. Als Präsentationsmedien wählst du zwischen Folie und Overheadprojektor, Tafel, Wandzeitung, Diaprojektor, Plakat, Video-Beamer etc. Gut vorbereitet wirkt dein Vortrag, wenn die Zuhörer ein Thesenpapier erhalten, auf dem das Wesentliche zusammengefasst wird. So können alle zuhören, und keiner muss mitschreiben.

TIPP

- *Möglichst frei sprechen und Blickkontakt halten!*
- *Die Zuhörer direkt ansprechen: Wusstet ihr schon, dass ...?*
- *Besonders Interessantes und gut Formuliertes zitieren, aber nur kurze Passagen!*
- *Fachbegriffe erklären!*

Rhetorische Mittel / Stilmittel

Auf diesen Seiten findest du einen Überblick über die rhetorischen Figuren, die sowohl auf der gedanklichen Ebene als auch der Wort- bzw. Satzebene einsetzbar sind. Man nennt sie je nach Art Gedankenfigur (z. B. Metapher), Wortfigur (z. B. Dreierfigur) oder Satzfigur (z. B. Parallelismus). Autoren und Autorinnen verwenden sie, um eine bestimmte Wirkung zu erzielen. Diese Beeinflussung des Lesers ist immer vom gesamten Text abhängig. Deshalb gibt die in der vierten Spalte notierte Wirkungsabsicht mögliche Beispiele vor.

Rhetorische Figur			
Alliteration, **die**	Wiederholung von Anfangskonsonanten bei aufeinander folgenden Wörtern	*Milch macht müde Männer munter.*	emotionale Verstärkung des gewünschten Eindrucks
Anapher, **die**	Wiederholung derselben Wortgruppe an Satz-/ Versanfängen	*Worte sind verletzend. Worte sind unersetzlich.*	Eindringlichkeit; Rhythmisierung erreichen
Anrede, **die**	Hinwendung zum Leser oder Zuhörer	*Meine sehr geehrten Damen und Herren!*	Aufmerksamkeit erzielen
Antithese, **die**	Entgegenstellung von Gedanken und Begriffen	*Was dieser baut, reißt jener morgen ein.*	Hervorhebung eines Widerspruchs; eines ungelösten Problems
Chiffre, **die**	Rätselhaftes; ohne Vorwissen oder Kontext kaum zu Erschließendes	*Die schwarze Katze sitzt auf dem Zaun.*	die Wirkung ist textabhängig
Dreierfigur, **die**	dreifache Wiederholung von Nomen, Adjektiven, Sätzen	*weiß – weißer – suwaweiß*	Hervorhebung der Darstellung oder besonders des letzten Ausdrucks
Ellipse, **die**	unvollständiger Satz, der aber sinngemäß leicht zu ergänzen ist	*Feuer! / Je früher der Abschied, desto kürzer die Qual.*	der wichtigste Aspekt soll hervorgehoben werden etc.
Euphemismus, **der**	Beschönigung	*vollschlank* statt *dick / eingeschlafen* statt *gestorben*	abgemilderte Negativbotschaft, taktisches Verhalten
Hochwertwort, **das**	Einsatz eines besonders positiven Adjektivs, Nomens ...	*das ultimative Tanzvergnügen / flauschiges Weich*	Aufwertung, positive Darstellung
Hyperbel, **die**	starke Unter- oder Übertreibung	*Es ist zum Haareausraufen! / ein Meer von Tränen*	Dramatisierung; starke Veranschaulichung
Ironie, **die**	Äußerung, die durchblicken lässt, dass das Gegenteil gemeint ist	*Das hast du ja ganz toll hinbekommen! / Wer keine Gabel hat, isst mit den Fingern.*	Herabsetzung; kritische Anmerkung; Stellungnahme

Rhetorische Figur	*Erläuterung*	*Beispiel*	*mögliche Wirkung*
Klimax, **die**	Steigerung; meist dreigliedrig	*Er kam, sah und siegte.*	Dramatisierung
Metapher, **die**	Wort / Ausdruck in übertragener Bedeutung; Sprachbild; verkürzter Vergleich	*Geldwäsche, Glühbirne, Wasserhahn, Du bringst mich auf die Palme.*	Veranschaulichung/ Intensivierung z. B. eines Charakterzuges einer Figur
Neologismus, **der**	Wortneuschöpfung	*Kaufrausch / Berufsjugendlicher*	Hervorhebung
Paradoxon, **das**	Zusammenstellung von Wörtern mit scheinbarem Widerspruch	*bittersüß / Vor lauter Individualismus tragen sie eine Uniform*	starker Anreiz zum Nachdenken
Parallelismus, **der**	Wiederholung gleicher Satzstrukturen	*Ein Blitz leuchtete, der Donner folgte, ein Gewitter setzte ein.*	Dramatisierung, Intensivierung
Parenthese, **die**	Einschub einer Wortgruppe in einen Satz	*Wir sollten uns – und das meine ich ernst – endlich an die Arbeit machen.*	Verstärkung einer Aussage; Differenzierung
Personifikation, **die**	Vermenschlichung; Gegenstände oder Tiere erhalten die Eigenschaften oder Fähigkeiten von Menschen; Sprachbild	*Die Sonne lacht. / Die Smileys haben uns fest im Griff. / Mutter Natur*	Umkehrung von Subjekt (Figur) und Objekt (eigentlich passivem Gegenstand)
Phrase, **die**	wortreiches, leeres Gerede	*... ich sag mal ... / ... oder so.*	Überspielen von Unkenntnis; Ablenkung; Zeitgewinn
Reim, **der**	Gleichklang von Wörtern	*Es läuft der Frühlingswind. Durch kahle Alleen, Seltsame Dinge sind In seinem Wehn.*	Betonung der Versstruktur, des Rhythmus; Hervorhebung etc.
Rhetorische Frage, **die**	scheinbare Frage, deren Antwort jeder kennt; Leser und Zuhörer müssen zustimmen, da ihr Einverständnis vorausgesetzt wird	*Gibt es den idealen Menschen? / Wer ist schon perfekt? / Wer glaubt denn das noch?*	Mobilisierung einer bestätigenden Reaktion des Lesers
Slogan, **der**	kurz gefasster Ausdruck mit Hinweis auf einen Sachverhalt	*Geiz ist geil. / Mars macht mobil bei Arbeit, Sport und Spiel.*	Leichte Einprägsamkeit; Aufmerksamkeit
Synonym, **das**	Wörter mit gleicher / ähnlicher Bedeutung	*Pferd – Gaul / verstecken – verbergen*	Bewertung; Variation

Glossar

Damit du dich in der Fachsprache Deutsch sicher bewegen kannst, findest du hier die wichtigsten Fachbegriffe im Überblick:

Adjektiv	Eigenschaftswort	klug, schön, einsam
Adverb	Umstandswort	Er fährt *schnell*.
Adverbiale Bestimmung (Zeit, Ort, Grund, Art und Weise)	Satzglied (Umstandsbestimmung)	im Kino, heute Nachmittag
Akkusativ	Wen-Fall	den Käse, die Wolle, das Buch
Akkusativobjekt	Satzglied im Akkusativ	Er mag den Käse.
Aktiv	Handlungsform des Verbs	Sie meidet ihn.
Apposition	eingeschobene oder nachgestellte Ergänzung eines Satzes	Frau Müller, die Deutschlehrerin, ...
Argumentation:		
linear	steigernd, gradlinig verlaufend	
dialektisch	Pro-und-Kontra-Argumente aufnehmend	
Artikel	Geschlechtswort	der Hund, die Katze, das Auto
(unbestimmt/bestimmt)		ein Hund, eine Katze
Attribut	Teil eines Satzgliedes (Beifügung)	das Angebot des Supermarktes
Dativ	Wem-Fall	dem Koch, der Köchin
Dativobjekt	Satzglied im Dativ	Das Messer gehört dem Koch.
Demonstrativpronomen	hinweisendes Pronomen	dieser Schal, jener Kollege
Femininum	weiblicher Artikel	die Brille
Futur	Zeitform des Verbs: Zukunft	Ich werde ins Kino gehen.
Genitiv	Wessen-Fall	des Kochs, der Köchin
Genitivobjekt	Satzglied im Genitiv	Der Hund des Kochs
Hypotaxe	Satzgefüge	
Indefinitpronomen	unbestimmte Pronomen	irgendwelche, manche
Indikativ	Wirklichkeitsform des Verbs	er läuft
Interrogativpronomen	Fragepronomen	wer? was? wohin?
Infinitiv	Grundform des Verbs	laufen, schwimmen
Kasus	grammatischer Fall	Nominativ, Genitiv, Dativ, Akkusativ
Konjunktion	Bindewort	aber, weil, obwohl
Konjunktiv I	Möglichkeit der Wiedergabe der indirekten Rede	Er sei gekommen
Konjunktiv II	Möglichkeit der Äußerung von Wünschen u. Vorstellungen	Er wäre Millionär
Maskulinum	männlicher Artikel	der Gürtel
Nomen	Hauptwort / Substantiv	der Gürtel, das Haus, die Frau
Nominativ	Wer- oder Was-Fall	der Gürtel, das Haus
Objekt	Satzglied: Ergänzung des Prädikats	Die Brille gehört ihr.
Parataxe	Satzreihe	
Parodie	kritisierende Textsorte	
Plural	Mehrzahl	
Präposition	Verhältniswort	in, auf, über, neben
Passiv	Handlungsform des Verbs	Sie wird gemieden.
Personalpronomen	persönliches Fürwort	ich, du, wir, ihr
Possessivpronomen	besitzanzeigendes Fürwort	mein, dein, euer, unser
Prädikat	Satzaussage	Ich *gehe* nach Hause
Relativpronomen	leitet Relativsätze ein	die Küche, die ...
Reflexivpronomen	rückbezügliches Pronomen	ich erinnere *mich*
Satire	kritisierende Textsorte	
Singular	Einzahl	

Lösungen zu Seite 6

1. interessantes, vorzuspielen, hieß, wieder, beim gemeinsamen Lesen und Erschließen, ins Grübeln, wussten, Ketchup, dass, dieses Rot, Erdbeermus, Tomatensoße/Tomatensauce, ließ vorankommen, fassten, das, investieren, superecht, allzu, Plastik, Zum Aufsetzen, schiefgehen
2. Jeden Samstag, wenn es regnet, spielt unsere Familie Mensch-ärgere-dich-nicht. Vater räumt dafür, und das macht er stets akribisch, extra den hölzernen Esstisch, der eine riesig große Platte hat, leer. Danach holt er das flache, quadratische, mittlerweile zerschlissene Spielbrett heraus, auf dem er die Figuren aufbaut. Das wirkt wie ein Ritual, ohne das er sonntags nicht auszukommen scheint. Diesmal startete meine Mutter, ohne mit der Wimper zu zucken, nach zwei Runden mit einer Sechs. Da passierte gleich das erste Malheur, denn mein Bruder Klaus, den ich häufig nur „Körper-Klaus" nenne, weil er so tollpatschig ist, riss eine der Saftflaschen um, die ich gegen den Durst bereitgestellt hatte, weil er seiner Enttäuschung Luft machen wollte. „Schweinerei!", schrie mein Vater, als meine Mutter in der nächsten Runde gleich fünfmal hintereinander eine Sechs würfelte. Vor Mutter hatte Klaus gewürfelt, aber das Glück, das er sowieso nicht gepachtet hatte, war ihm auch diesmal nicht hold, und so schmiss Mum drei seiner mühevoll ins Spiel gebrachten, hölzernen Figuren raus. So ging das die ganze Zeit weiter: Klaus hoffte, Vater bangte, Mutter siegte. Mutter, uns nicht aus den Augen lassend, zeigte, dass sie sich über ihre Glückssträhne freute. Na ja, wir sollten das Spiel wohl eher umtaufen in „Familie-ärgere-dich-nicht".

Lösungen zu Seite 7

3. ich dachte, sie schwimme, ihr hattet gedurft, wir werden haben, du wärest, er hat gemusst
4. Die Blumen werden gegossen. Sensationelle Neuerungen werden diesmal auf der Messe kaum gezeigt. Es ist für dich speziell ausgesucht worden. Zu Silvester wird dieser Lauf traditionell geplant. Der Termin der Trauung wurde gestern offiziell vom Hochzeitspaar bekannt gegeben.
5. Als (Konjunktion) Monsieur Mathieu auf seiner dritten (Numerale) Vernissage (Nomen) im Ausstellungsraum des (Artikel) Ateliers seine neue (Adjektiv) Bilderserie vorstellte, traten ihm die Kunstkritiker mit einiger (Indefinitpronomen) Skepsis entgegen. Einige meinten, die Bilder seien (Verb) eine Nuance zu (Präposition) dunkel. Andere hielten seine (Possessivpronomen) neuesten Werke für schlichtweg genial. Wieder (Adverb) andere widmeten sich lieber der getrüffelten (Adjektiv) Gänseleber und dem eisgekühlten Champagner. Doch (Konjunktion) die Presse berichtete am nächsten Tag über das Event in allen (Indefinitpronomen) Details und lobte den Künstler infolgedessen (Adverb) als Wegbereiter einer neuen Sichtweise der modernen (Adjektiv) Malerei.

Lösungen zu Seite 8

6. (S = Subjekt; P = Prädikat; A/DO = Akkusativ-/Dativ-Objekt; adverb Z/AW = Adverbiale Bestimmung der Zeit/des Ortes
   a) Sie schenkten ihr vor kurzer Zeit Turnschuhe: S – P – DO – adverb Z – AO
   b) Der Fußballer des Aufsteigers wurde von seinen Managern genau unter die Lupe genommen: S – Gen. Attribut – P – präp. DO – adverb AW – adverb AW – P
   c) Der tosende Sturm machte uns Angst: S (+ Adjektiv-Attribut) – P – DO – AO
   d) Das hättest du aus Pflichtgefühl tun sollen! : AO – P – S – adverb Gr – PP
   e) Mutter wird die Blumen gleich in die Vase stellen: S – P – AO – adverb Z – adverb O – P
7. Personen, Zeit, Ort und Handlung, spannend, anschaulich lebendig klingt, unterhalten, Sachliche, objektiv, sachlich, W-Fragen, Diskussion, Beispiele und Belege, unsachlichen, überreden.

Lösungen zu Seite 11

1. Denise: Weißt du schon, was du morgen Abend machen wirst?
   Kai: Am Freitag werde ich wohl bis spät in die Nacht vor dem Computer sitzen und an meinem Englisch-Referat arbeiten, das ich gestern aufgebrummt bekommen habe.
   Denise: Und was machst du Samstag?
   Kai: Am Vormittag werde ich ausschlafen, mittags werde ich wie jeden Sonnabend für meine Eltern kochen und abends treffe ich mich mit meinen Kumpels. Was machst du denn heute Abend?
   Denise: Lass mich mal überlegen, ach ja, donnerstags abends (auch: donnerstagsabends) habe ich Handballtraining. Wie ist es mit Sonntagnachmittag?
   Kai: Am Vormittag haben wir immer unser Familienfrühstück, und Sonntagmittag fahren wir zum Geburtstag meiner Tante.
   Denise: Dann treffen wir uns eben nächste Woche.

2. Nomen, die die Zeit angeben, schreibt man groß.
   Verbindungen von Nomen und Nomen, die eine Zeit angeben, schreibt man groß und zusammen.
   Adverbien, die eine Zeit angeben, schreibt man klein.
   Bei Verbindungen von Adverb und Nomen, die eine Zeit angeben, schreibt man das Adverb klein und das Nomen groß.
   Verbindungen von Adverb und Adverb, die eine Zeit angeben, schreibt man klein.

Lösungen zu Seite 12

1. **Bewerben im Internet**
Immer mehr Zusatzqualifikationen und (mehr) Fachwissen werden auf der Suche nach Arbeit von Bewerbern gefordert. Der Gang zum Arbeitsamt und das Studieren der Tageszeitung reichen oft nicht mehr aus. Das Bewerben im Internet spart nicht nur (viel) Zeit und (viel) Geld, sondern beweist auch (die / gute) Kenntnis des Bewerbers in Sachen Internet. Am besten sucht man auch in (den) Jobbörsen nach passenden Angeboten. Zu den Jobbörsen führen (die / einige) Suchmaschinen, zum Beispiel www.google.de. Viele Jobs und (viele) Ausbildungsstellen werden auch von den meisten Tageszeitungen im Internet angeboten. Hat man eine Stelle gefunden, nimmt der Bewerber den ersten Kontakt zu dem Unternehmen auf, am besten über (eine) E-Mail oder (über das) Telefon. Die Kontaktaufnahme sollte, wie die schriftliche Bewerbung auch, gut strukturiert, ein realistisches Bild der persönlichen Fähigkeiten und kein Griff nach den Sternen sein, sondern kurz und sachlich auf den Punkt kommen. Trotz aller guten Tipps gilt jedoch für das Bewerben im Internet die Devise „learning by doing". Je mehr jeder Bewerber ausprobiert, desto höher steigt seine Chance auf eine positive Antwort.
2. a) Gestern lief mein Vater im Zimmer ständig hin und her. b) Er tat das, weil ich beim Bewerben nur Absagen bekommen hatte. c) Aber dieses ständige Hin und Her nervte mich gewaltig. d) Sein dauerndes Wenn und Aber verzögerte unser Gespräch. e) Dabei gingen die beiden mit mir durch Dick und Dünn. f) Er lief immer wieder vor und zurück. g) Beim Vor und Zurück merkte er gar nicht, dass ich wartete. h) Auch meine Mutter rannte aufgeregt rein und raus. i) Dann platzte mir bei dem ewigen Rein und Raus der Kragen. j) „Ich will hier nicht den Kürzeren ziehen und vor dem Aus stehen", brüllte ich die beiden an. Dann setzten sie sich und das Gespräch begann.

Lösungen zu Seite 13

1. *Großschreibung:* etwas Besonderes, beim Suchen, im Folgenden, der Nächste, zum Nachdenken, das Drum und Dran, ins Grüne, bei Weitem, etwas Interessantes, im Voraus, des Weiteren, das Neuste;
Kleinschreibung: von früh bis spät, die beiden, das wenigste, durch dick und dünn, seit gestern, mittwochs abends, bei weitem, von fern, etwas anderes
2. **Zweifel**
Der heutige Redner war eine Sie und kein Er. Als sie ausführte, vor dem Gesetz gäbe es kein Oben und kein Unten, waren bei den Zuhörern ein skeptisches Oh und ein abfälliges Ah zu vernehmen. Die Rednerin blieb jedoch ohne Wenn und Aber bei ihrer Position, auch als jemand störend dazwischenrief. Sie meinte, man könne zwar im Allgemeinen das Für und Wider aller Standpunkte erörtern. In diesem Falle sei aber auch nach vielem Hin und Her in der Geschichte dieses Rechtsprinzip eindeutig verwirklicht worden.

Lösungen zu Seite 14

1. riesig großen, ernst nehmen, nasskalt, schwerfallen, krankmelden, schiefgegangen, gutzumachen, winzig kleinen, kleingeschrieben, zusammengeschrieben, totzuschlagen, vollenden, fertigstellen / fertig stellen, blaugrauen, schief gehen / schiefgehen, kommst du voran, gut ging / gutging, taubstumm, toternst, übel nehmen / übelnehmen, kleinlaut, zusammen machen, gut gehen / gutgehen
2. hochklettern, liegen lassen / liegenlassen, Rad fahren, Computer spielen, lästig finden, Zeit verlieren, Maß halten / maßhalten, schwarzärgern, stecken bleiben / steckenbleiben, Lust haben, ruhig bleiben, bange sein, schlafwandeln, aufwärtsgehen, übrigbleiben / übrig bleiben, wachrütteln, grünärgern, dunkelrot, auseinandergehen, schlussfolgern, brustschwimmen, rückwärtsfahren, dichtgedrängt, durcheinanderreden, tief erschüttern, taub stellen, steinreich, spazieren gehen

Lösungen zu Seite 15

1. auswendig lernen, gutmachen, wiederholen, zugesagt, zusammen tragen, gut gemacht, vorher sagen, aneinander denken, wahrsagen, weitergehen, zusammenreißen, dazwischen fahre, davongetragen
2. teilnehmen > sich beteiligen, beteiligt sein, partizipieren, einsteigen, teilhaben, mitbenutzen ...; wahrsagen > prophezeien, ankündigen, hellsehen, voraussagen ...; totschweigen > ignorieren, verschweigen, überhören, verleugnen ...; bloßstellen > lächerlich machen, blamieren, kompromittieren, unmöglich machen ...; daliegen > lagern, ruhen, sich aalen, hingestreckt sein ...; nachfragen > sich erkundigen, anfragen, erfragen, um Auskunft bitten ...

Lösungen zu Seite 16

1. Mein Freund ist manchmal so engstirnig, dass man keineswegs mit ihm reden kann. Mitunter ist mir sein Verhalten dann ein wenig zu großspurig. Infolgedessen wirkt er zeitweilig auch wie weggetreten. Auf bestimmte Vorfälle reagiert er irgendwann nur noch kaltschnäuzig. Das kann man ihm dann richtig übel nehmen, zum Beispiel wenn er beim Fernsehen nicht durch die Kanäle zappen darf. Dann guckt er richtig sauertöpfisch. Auch bei einer Familienfeier kriegt er meist irgendwann einen Koller. Statt sitzen zu bleiben, wenn alle miteinander reden, steht er zumeist auf, um abzuhauen. Aber wenn es wirklich darauf ankommt, wenn ich mich richtig auf ihn verlassen muss, dann schaut er meistens gutmütig drein und steht hinter mir. Deshalb mach ich mir gar keine Sorgen.

(Fortsetzung: Seite 112)

LÖSUNGEN

Lösungen zu Seite 16 (Fortsetzung von Seite 111)

2. „So bald sieht mich hier keiner mehr!" – „Soweit ich diese Disco kenne, herrscht doch hier jedes Mal gute Stimmung." – „Ja, aber ich staune über die vielen Veränderungen, die es gibt, seitdem ich das letzte Mal hier war." – „Seit dem 3. September gibt es hier zweimal wöchentlich Chillen und Abtanzen für Teenies, das finde ich klasse." – „Blöd ist aber, dass dann kein Bus mehr fährt, nachdem hier Schluss ist. So bald komme ich nicht wieder her." „Ich war schon so oft hier!" „Wenn es nicht so weit wäre, würde ich auch häufiger kommen."

Lösungen zu Seite 17

1. barfuß, der Rasen, leise, rasten, konfus, der Applaus, der Kies, gießen, der Atlas, außerdem, der Grieß, der Kürbis, er stieß, das Gefäß, der Hinweis, husten, der Erlös, weiß, der Schmaus, das Haus, das Rhinozeros, rosten, sie sauste, das Wesen, fleißig, kosten, das Geheimnis, genießen, das Gefäß, der Beweis, der Hase, der bloße Fuß, er blies, der Gruß, das Verlies, das Maß, der Globus, leisten, der Bus, er stieß, der Riese, die Finsternis, die Soße, das Zeugnis, der Fleiß, die Ananas, draußen, die süße Kokosmakrone, der Stoß, die Vase, die Fastenzeit, sie heißt, der Krokus, ungestört, das Versäumnis, tausend, die Fruchthülse, der Spieß, die Firnis, der Atlas, meistens, die Insel, die große Last, der Mist, die Masern, basteln, die Wiesen, das Gemüse, eine riesige Nase, hasten
2. **Nomen est Omen**
   Wie unser groß gewachsener Nachbar hieß, wussten wir lange Zeit nicht. Er war recht höflich und grüßte immer zuerst. Außerdem war er spaßig und wollte immer die neuesten Witze wissen. Sehr selbstbewusst kam er uns jedoch nicht vor. Neulich hat er den Schlüssel innen im Schloss seiner Terrassenwohnung stecken lassen. Er konnte sein Pech nicht fassen und war über alle Maßen verärgert. Auf Nachfragen reagierte er zunächst recht verschlossen. Vollends gelassen wurde er erst, als er sich bei uns bei einer Tasse Tee entspannte. „Übrigens, mein Name ist Schusslich." Nomen est Omen.

Lösungen zu Seite 18

1. beißen – er beißt, er biss, er hat gebissen; messen – er misst, er maß, er hat gemessen; verschließen – er verschließt, er verschloss, er hat verschlossen; fließen – es fließt, es floss, es hat geflossen; hassen – er hasst, er hasste, er hat gehasst; reißen – er reißt, er riss, er hat gerissen; fassen – er fasst, er fasste, er hat gefasst; gießen – er gießt, er goss, er hat gegossen; fressen – er frisst, er fraß, er hat gefressen; verlassen – er verlässt, er verließ, er hat verlassen, wissen – er weiß, er wusste, er hat gewusst
2. fließen, er floss, geflossen, flüssig, Fluss, fließend, Fließpapier, Fließband
   heißen, er hieß, Heißluft, geheißen
   beißen, sie biss, gebissen, Biss, Bissen, bisschen
   schließen, er schloss, geschlossen, Schließfach, Schließmuskel, Verschluss
   stoßen, er stößt, Anstoß, Stoßdämpfer, stoßsicher, stoßweise, Stoßverkehr, Stoßzeit

Lösungen zu Seite 19

1. a) Martin freute sich furchtbar, dass es endlich schneite. b) Er dachte kaum darüber nach, dass der plötzliche Wetterumschwung den Autofahrern ziemliche Probleme bereitete. c) Das sichere Fahren im Auto, das bei diesem Schneefall ein hohes Risiko war, war ohne Winterreifen unmöglich. d) Dennoch saß Martin am Fenster und amüsierte sich, dass viele Verkehrsteilnehmer wie auf einer Skipiste schlitterten. e) Er lachte darüber, dass eine Frau auf ihren glatten Sohlen ausrutschte und hinfiel. f) Einige Hunde sprangen durch das Schneetreiben, das immer dichter wurde. g) Langsam wurde ihm klar, dass die Schule heute nicht pünktlich beginnen würde. h) Außerdem dachte er an sein Handballtraining, das sicherlich bei diesem Wetter gar nicht stattfinden würde. i) So ein Wetter, das den Tagesablauf durcheinanderbrachte, hatte eben seine guten und seine schlechten Seiten.
2. Beim Snowboardfahren, das sich auch in der Schule immer größerer Beliebtheit erfreut, sollte warme, luftdurchlässige Kleidung getragen werden. Somit wird sichergestellt, dass ein Überhitzen bzw. Auskühlen des Körpers vermieden wird. Das Tragen von Handschuhen, das zur Sicherheit beiträgt, ist Pflicht. Empfohlen wird, dass Helme getragen werden. Es sollte auch darauf geachtet werden, dass geeignete Sonnenbrillen eingesetzt werden. Zudem ist erforderlich, dass Sonnenschutzmittel benutzt werden.

Lösungen zu Seite 20

1. Das (A) war ein Abenteuer, das (R) ich nicht vergessen werde: Das (A) Tropengewitter, das (R) zwei Stunden angedauert hat, ist endlich vorbei. Es ist klar, dass (K) wir unseren Weg durch den Urwald nun fortsetzen können. Die Luft ist zum Schneiden dick. Das (D) war aber vorauszusehen. Schwer fällt uns das (A) Atmen, das (R) uns zu Hause keine Probleme bereitet. Immer wieder müssen wir anhalten, das (D) verzögert das (A) Vorankommen.

(Fortsetzung: Seite 113)

Lösungen zu Seite 20 (Fortsetzung von Seite 112)

Undurchdringlich erscheint das (A) Unterholz, das (R) uns mit armdicken Schlingpflanzen und meterdicken Baumstämmen den Weg versperrt. Das (A) Freischlagen des Pfades mit Haumessern gestaltet sich schwierig. Deutlich zu spüren ist, dass (K) die Beine anschwellen und schwer werden. Das (D) ist eine ganz schöne Tortur. Wir schleppen uns so mühsam weiter, dass (K) der Atem immer schneller geht. Kein Sonnenstrahl dringt durch das (A) Blätterdach, das (R) die Bäume bilden. Am Abend rasten wir an einem verlassenen Dorf, das (R) halb verfallen ist. Das (A) entfachte Feuer tut so gut, dass (K) die Strapazen weniger schlimm erscheinen. Ich weiß, dass (K) ich todmüde bin, doch der Urwald hält mich wach – das (D) ist noch viel anstrengender, wenn man eigentlich schlafen möchte. Ringsum spielt der tropische Regenwald das (A) Nachtkonzert, das (R) tausend Tiere kreischen und pfeifen. Ich muss feststellen, dass (K) das (A) nächtliche Höllenspektakel einen nicht zur Ruhe kommen lässt, obwohl es am Tag wieder ganz still ist. Das (D) ist kein Urlaub, das (D) ist Abenteuer pur.

Lösungen zu Seite 21

1.

Fremdwort	2. Schreibmöglichkeit	Bedeutung	Herkunftssprache
Sauce	Soße	Tunke	französisch
circa	zirka	etwa, ungefähr	lateinisch
Shrimps	Schrimps	Krabbenart, Garnele	englisch
Mayonnaise	Majonäse	kalte, gewürzte Sauce aus Eiern und Öl	französisch

2. Fotografie / Photographie, Strophe, Diphthong, Philosophie, Megaphon / Megafon
3. Philosoph, Panther, Myrrhe, Rhythmus, Rheuma; Lösungswort: super

Lösungen zu Seite 22

1. [Massenmedien sind allgemein dadurch gekennzeichnet], [dass sie sich an eine Masse richten]. [Dies ist ein Publikum], [das nach Alter, Bildungsstand und Anzahl unbestimmt zusammengesetzt ist] und [nicht an einem Ort versammelt ist]. [Massenmedien sind für jedermann zugänglich], [wirken nur in eine Richtung] und [machen eine direkte Kommunikation nicht möglich]. [Sie können also nur auf indirektem Wege zur Wirkung kommen], [nämlich durch technische Hilfsmittel wie Rotationsdruck, Funkwellen, Sende- und Empfangsgeräte]. [Massenmedien kann man also als Transportmittel der indirekten Kommunikation bezeichnen], [die im Leben vieler Menschen einen größeren Raum einnimmt], [als die direkte Kommunikation]. [Diese direkte Form findet nur in der Familie, mit Freunden und Bekannten oder mit Kollegen am Arbeitsplatz statt]. [Wenn wir mit Fremden über Politik, über Sportereignisse, über den neuesten Film reden], [merken wir], [dass fast alle ihr Wissen], [oft auch ihre Meinung], [aus den Medien beziehen].

Lösungen zu Seite 23

1. **Keine Laune der Natur**
In England wollten zwei Farmer ihre Schafe davor bewahren, dass sie Fußfäule bekommen. Sie wollten das verhindern, indem sie ihnen Gummihandschuhe anzogen. Der britischen Volkswirtschaft würde dadurch, wie sie meinten, ein Schaden von einer Million Pfund Sterling entstehen. Sie müssten sich aber klar darüber sein, dass über kurz oder lang ein solcher Schutz für die Schafe nicht ausreicht. Wenn sie nämlich vor Erdfeuchtigkeit geschützt werden, kommen sicher bald andere Krankheiten hinzu. Die Tiere werden nämlich dadurch, dass man sie verwöhnt, bald zu frieren beginnen.
Wenn man ihnen Schuhe anzieht, werden sie sich bald auch nach anderen Kleidungsstücken sehnen. So wird es kommen, wie es kommen muss: Nachdem sie sich an die Schuhe gewöhnt haben, werden sie vielleicht sogar Strümpfe tragen wollen. Den Schafen wird man dann auch noch, wenn sie frisch geschoren sind, Hosen anziehen. Es ist nicht einmal auszuschließen, dass kurzsichtige Schafe eines Tages Brillen tragen. Sobald man einmal mit einem solchen Unsinn begonnen hat, kommt man dann auch auf noch verrücktere Ideen. Vielleicht wird man sogar eines Tages ihre Wolle dazu benutzen, dass man ihnen Pullover daraus strickt und sie ihnen anzieht.
Nachdem die beiden Farmer den Bericht in der Zeitung gelesen hatten, beklagten sie sich bitter darüber. Sie fühlten sich verspottet, dass sie eine gute Idee gehabt hatten, und sie drohten mit einer Anzeige. Unbekannt ist, ob ihre Idee sich durchsetzen konnte.
2. Nachdem die Meldung in Australien vorlag, dass in England Schafe mit Schuhen versorgt worden waren, ließ es einen Farmarbeiter dort nicht ruhen. Er erfand ein Licht für die Schwänze der Schafe, das so ähnlich leuchtet, wie es die Katzenaugen bei einem Fahrrad tun. Damit das Licht auch hält, wird es mit einer kräftigen Spange befestigt, die am Schwanz des Schafes klemmt. Ob die gefährlichen Raubtiere, die durch dieses Licht erschreckt werden sollen, die Schafe ungeschoren lassen, ist allerdings noch nicht sicher. Wenn sich der Einfall, den dieser Farmer hatte, jedoch als sinnvoll erweist, wird die Natur diese Verbesserung vielleicht einmal selbst in die Hand nehmen. Sie

(Fortsetzung: Seite 114)

Lösungen zu Seite 23 (Fortsetzung von Seite 113)

wird dann diese Idee, wie es ihre Sache ist, noch vollkommener gestalten. Das könnte so aussehen, dass in Zukunft Schäfchen zur Welt kommen, die hinten und vorn ein leuchtendes Licht tragen, das sie vor wilden Tieren schützen soll. Vielleicht aber werden sich die Raubtiere wieder umstellen, sodass sie sich an den verführerischen Lichtern von Schafen orientieren können.

Lösungen zu Seite 24

1. **Ein Besuch in Frankreich**
   a) Jasmin hatte sich immer gewünscht(,) einmal ein Jahr in Frankreich zu verbringen. b) Sie hatte sich aber eigentlich nie zugetraut(,) es ganz allein zu machen. c) Doch nun ergab sich die Gelegenheit(,) ihre Brieffreundin in den Ferien zu besuchen. d) Denn Claudine freute sich sehr darauf, sie zu sehen. e) Sie dachte mit Freude daran, auch Claudines Familie kennenlernen zu können. f) Jasmin, ohne einen Augenblick zu zögern, stimmte sofort zu. g) Es war schon immer ihr Wunsch gewesen(,) zu fliegen. h) Und Geld, um ihre Reisepläne zu verwirklichen, hatte sie genug.
2. a) Er legte sein Buch zur Seite, von Langeweile angeödet. b) Das Einverständnis der Eltern voraussetzend(,) meldete er sich an. c) Durch einen Imbiss gestärkt(,) setzten sie die harte Arbeit fort. d) Gut gelaunt schlenderte er durch die Stadt. e) Er, seinen Gegner nicht aus den Augen lassend, hörte ein Geräusch.

Lösungen zu Seite 25

1. **Beide Pole der Erde erreicht**
   Warschau. Janek Mela, ein einbeiniger polnischer Schüler, hat am Silvestertag nach einem gewaltigen Fußmarsch den Südpol erreicht. „Es ist unglaublich, wie er als behinderter Junge die Kälte bezwungen hat", kommentiert sein Vater stolz diese Leistung. Für den 16-Jährigen war es der zweite Triumph in wenigen Monaten. Erst im April sei er zum Nordpol gewandert, berichtet Vater Jurek, der den Tatendrang seines Jungen kaum fassen kann. „Mit einem künstlichen Bein hat er sich auf beiden Touren durch die Schnee- und Eismassen gekämpft. Wir haben richtig gut zusammengearbeitet, aber auch zusammen gelitten", berichtet der erfahrene polnische Abenteurer Marek Kaminski, der den Jugendlichen begleitet und unterstützt hat. Mela, der vor zwei Jahren bei einem Unfall ein Arm und ein Bein verlor, wurde damit zum jüngsten Menschen, der innerhalb eines Kalenderjahres Nord- und Südpol erreichte. Das mache ihn zu einem ganz besonderen Menschen, der sich von anderen abhebe, so der Vater.

Lösungen zu Seite 26

1. Symmetrie / Amateurfotograf / sie ist gestern heimgekommen / Kräuterlikör / schweißgebadet / ein einzelnes Paar Socken
2. ... Sand, Kies, Felsbrocken, Dünen, das ist es, was man in der Sahara zu sehen bekommt. Niemand käme heute auf die Idee, in dieser größten Wüste der Erde, die größer ist als das Mittelmeer, Badeurlaub zu machen. Doch gibt es mitten in der Sahara, im Wadi Sura, steinzeitliche Felsmalereien, auf denen Menschen dargestellt sind, die deutlich erkennbare Schwimmbewegungen vollführen. Jüngere geografische Untersuchungen haben ergeben, dass es vor Urzeiten in dieser Gegend einige Meter tiefe Seen gegeben hat, die nach Starkregen Wasser führten.
3. Es ist schön, wenn das Wasser plätschert und die Sonne lacht. Das musst du dir merken. Wolfgang hat gesagt, dass das so sein muss. Dass das das auslösen könnte, das hat niemand gewusst. Das ist so, dass das Niedrigenergiehaus, das in Deutschland nur ganz selten gebaut wird, das langfristig günstigste ist. Dass du dich nicht mehr erinnerst, an das, was du gesagt hast, das finde ich erschütternd.
4. Im Wald werden nachts die Bucheckern vor allem von Wildschweinen zunichtegemacht. Eine Fülle Schadenerreger finden sich heute nach wie vor in unseren heimischen Gewässern. Schneeflocken sind genau genommen Kristalle, die zu Sechsecken angeordnet sind.

Lösungen zu Seite 27

Originaltext: **Erich Kästner: Das letzte Kapitel (1930)**

Am 12. Juli des Jahres 2003
lief folgender Funkspruch rund um die Erde:
dass ein Bombengeschwader der Luftpolizei
die gesamte Menschheit ausrotten werde.

Die Weltregierung, so wurde erklärt, stelle fest,
dass der Plan, endgültig Frieden zu stiften,
sich gar nicht anders verwirklichen lässt,
als alle Beteiligten zu vergiften.

Zu fliehen, wurde erklärt, habe keinen Zweck.
Nicht eine Seele dürfe am Leben bleiben.
Das neue Giftgas krieche in jedes Versteck.
Man habe nicht einmal nötig, sich selbst zu entleiben.

Am 13. Juli flogen von Boston eintausend
mit Gas und Bazillen beladene Flugzeuge fort
und vollbrachten, rund um den Globus sausend,
den von der Weltregierung befohlenen Mord.

Die Menschen krochen winselnd unter die Betten.
Sie stürzten in ihre Keller und in den Wald.
Das Gift hing gelb wie Wolken über den Städten.
Millionen Leichen lagen auf dem Asphalt.

Jeder dachte, er könne dem Tod entgehen.
Keiner entging dem Tod, und die Welt wurde leer.
Das Gift war überall. Es schlich wie auf Zehen.
Es lief die Wüsten entlang. Und es schwamm übers Meer.

Die Menschen lagen gebündelt wie faulende Garben.
Andre hingen wie Puppen zum Fenster heraus.
Die Tiere im Zoo schrien schrecklich, bevor sie starben.
Und langsam löschten die großen Hochöfen aus.

Dampfer schwankten im Meer, beladen mit Toten.
Und weder Weinen noch Lachen war mehr auf der Welt.
Die Flugzeuge irrten, mit tausend toten Piloten,
unter dem Himmel und sanken brennend ins Feld.

Jetzt hatte die Menschheit endlich erreicht, was sie wollte.
Zwar war die Methode nicht ausgesprochen human.
Die Erde war aber endlich still und zufrieden und rollte,
völlig beruhigt, ihre bekannte elliptische Bahn.

1. Analyse zu Erich Kästner: Das letzte Kapitel (1930)
   Das mir vorliegende Gedicht „Das letzte Kapitel“, verfasst von Erich Kästner, R1/ Z2
   dessen Entstehungsjahr 1930 ist, thematisiert einen apokalyptischen Kriegs- R3/ R4
   zustand, der von seinem Standpunkt aus gesehen in der Zukunft stattfindet. Z5/ R6
   Bei diesem Angriff durch „Bombengeschwader der Luftpolizei“ wird die gan- Z7
   ze Menschheit ausgerottet.
   Erich Kästner beschreibt, wie die „Weltregierung“ beschließt, die gesamte Z8/ R9
   Menschheit durch ein Giftgas zu vernichten, um den ersehnten Weltfrieden
   wiederherzustellen. Das lyrische Ich beschreibt das leidvolle Ende der Men- R10/ R11/ R12
   schen sehr detailliert. Deshalb erscheint es auf den ersten Blick tragisch
   und in jeder Hinsicht bedrückend, indem es die negative Kriegsstimmung R13/ Z14
   vermittelt, doch bei näherer Betrachtung lässt sich eine gewisse Ironie erken- Z15/ R16/ R17
   nen (Z. 33–36), da die Idee, die Menschheit zu vernichten, in erster Linie Z18/ Z19
   vollkommen absurd erscheint. Der durchgängige Kreuzreim unterstützt
   dabei umso mehr den stetigen Weg zum Ende, worauf auch die Überschrift R20/ Z21
   „Das letzte Kapitel“ mit einer Anspielung auf das Endgültige verweist. R22/ R23/ R24
   Insgesamt ist der Inhalt des Gedichts paradox, da man durch Krieg R25
   letztlich keinen Frieden schaffen kann (Z. 5–8), sondern ihn ganz im Gegen- Z26
   teil zerstört. Es entsteht der Eindruck, als verfolge man einen Kriegsbericht, Z27
   was durch ein regelmäßiges Metrum unterstützt wird, indem der Autor R28
   die unaufhaltsame Entwicklung sowie die Leiden der Lebewesen (Strophen R29
   5–8) chronologisch wiedergibt. Die leicht verständlichen Sätze, welche
   durch Enjambements gekennzeichnet sind, lassen das Gedicht wie einen
   Prosa-Text wirken und machen es dem Leser möglich, das Geschehen ohne Z30
   Umschweife zu verfolgen. Die in der ersten Strophe erkennbare Zukunfts-
   vision lässt sich teilweise mit dem Inhalt des Romans „1984“ vergleichen, da R31/ Z32
   in beiden auf eine Zukunft aufmerksam gemacht wird, der sich die Men-
   schen nähern, wenn wir uns nicht ändern. Kästners Intention war es, den Z33
   Menschen klarzumachen, dass Krieg keine Lösung für Probleme sein kann ... R34

Lösungen zu Seite 28

1. R1 vorliegende → langes ie – Normalfall; Z2 ..., verfasst von Erich Kästner, ... → eingeschobene Partizipialgruppe; R3 Entstehungsjahr → Entstehungen + Jahr; R4 apokalyptischen → Fremdwort aus dem Griechischen (nachschlagen); Z5 ... Kriegszustand, der von seinem Standpunkt ... → Relativsatz, bezieht sich auf Kriegszustand; R6 stattfindet → zusammen, weil man statt nicht steigern kann; Z7 „Bombengeschwader der Luftpolizei" → Zitate müssen in Klammern gesetzt werden; Z8 ... Kästner beschreibt, wie die ... → Konjunktion; R9 beschließt → beschlie-ßen, langer Vokal und scharfer s-Laut; R10 wiederherzustellen → wiederherstellen, zusammen, weil man wieder nicht steigern kann, andere Bedeutung: ausbessern, restaurieren ...; R11 das lyrische Ich → Nomen, Artikel und Adjektiv als Erkennungswörter; R12 leidvolle → leiden + voll; R13 in jeder Hinsicht → Nomen, Präposition und Pronomen als Erkennungswörter; Z14, Z15 ... bedrückend, indem es die negative Kriegsstimmung vermittelt, doch bei näherer Betrachtung ... → [Deshalb erscheint es auf den ersten Blick tragisch und in jeder Hinsicht bedrückend], [indem es die negative Kriegsstimmung vermittelt], [doch bei näherer Betrachtung lässt sich eine gewisse Ironie erkennen], ... / Konjunktionen; R16 lässt → lassen, kurzer Vokal und scharfer s-Laut; R17 gewisse → gewis-se, kurzer Vokal und scharfer s-Laut; Z18, Z19 ... da die Idee, die Menschheit zu vernichten, in erster Linie vollkommen absurd erscheint. → eingeschobener Infinitivsatz; R20 Ende → Nomen, Präposition + Artikel als Erkennungswort; Z21 ... den stetigen Weg zum Ende, worauf auch die Überschrift ... → Konjunktion; R22 Kapitel → Abschreibfehler, durch Ausnahme langes i wird es zum Lernwort; R23 das Endgültige → Nomen, Artikel als Erkennungswort; R24 verweist → verwei-sen, weicher s-Laut; R25 paradox → Fremdwort aus dem Griechischen (nachschlagen); Z26 ... letztlich keinen Frieden schaffen kann, sondern ihn ganz im Gegenteil zerstört. → Konjunktion; Z27 Es entsteht der Eindruck, als verfolge man ... → Konjunktion; R28 regelmäßiges → langer Vokal, scharfer s-Laut; R29 Entwicklung → Entwicklungen, Z30 ... machen es dem Leser möglich, das Geschehen ohne Umschweife zu verfolgen. → nachgestellter Infinitivsatz, Bezugswort es; R31 lässt → las-sen, kurzer Vokal vor scharfem Laut; Z32 ... mit dem Inhalt des Romans „1984" vergleichen, da in beiden ... → Konjunktion; Z33 Kästners Intention war es, den Menschen klar zu machen ... → nachgestellter Infinitivsatz, Bezugswort es; R34 ... klar zu machen, dass Krieg keine Lösung für seine Probleme sein kann → Konjunktion dass, Ersatzprobe mit jenes oder welches geht nicht
2. *Groß- und Kleinschreibung:* 4 Fehler → Nomen und Nominalisierungen
   Getrennt- und Zusammenschreibung: 3 Fehler → Wörter getrennt oder zusammenschreiben: Adverb + Verb, Adjektiv + Verb
   s-Laute: 6 Fehler → Unterschied von ß und s bei langem Vokal, ss bei kurzem Vokal
   Unterschied das/dass: 1 Fehler → dass als Konjunktion leitet Gliedsätze ein
   Fremdwörter: 2 Fehler → Rechtschreibfehler / nachschlagen
   Satzzeichen: 14 Fehler → eingeschobene Partizipialgruppe, Relativsätze mit Relativpronomen, Gliedsätze mit Konjunktionen, Zeichensetzung bei Zitaten, eingeschobene Infinitivgruppen, nachgestellte Infinitivgruppen mit Bezugswörtern
   sonstige Fehler: 5 Fehler → Wörter mir i und ie / Endungen g oder k und d oder t / Abschreibfehler
3. Erkennungswörter für Nomen wiederholen / Steigerungsprobe oder Erweiterungen mit sehr oder ganz anwenden, um herauszufinden, ob Adjektiv und Verb zusammengeschrieben werden; Bedeutungen überprüfen bei Adverb + Verb / Regeln für s-Laute wiederholen / Ersatzprobe mit dieses, jenes anwenden / unbekannte Wörter, Fremdwörter nachschlagen und Wörterliste zum Lernen anlegen / Regeln für Relativsätze, Gliedsätze, Partizipial- und Infinitivgruppen wiederholen, Signalwörter wie Relativpronomen und Konjunktionen lernen / beim Abschreiben besser vergleichen / Wörter mit i und ie in einer Wörterliste zum Lernen anlegen / bei Endungen Wörter verlängern – Rechtschreibstrategie

Lösungen zu Seite 30

1. **Reisen bildet – Sprachkurse im Ausland helfen oft auch für den Beruf**
   Am Strand liegen und Vokabeln pauken lästig finden? Im Gegenteil! Für viele Deutsche ist das eine reizvolle Urlaubskombination. Mehr als 150 000 Deutsche buchen jedes Jahr einen Sprachkurs im Ausland und wiederholen diese Reisen sogar mehrfach. „Der Trend ist seit Jahren ungebremst. Der Anteil Erwachsener hat den jugendlicher Sprachreisender weit überflügelt", weiß Claus Kunze vom Fachverband Deutscher Sprachreiseveranstalter (FDSV) in Berlin zu berichten. Früher habe dabei das Interesse an der Kultur im Vordergrund gestanden, stattdessen seien es heute vorwiegend berufliche Gründe. „Immer mehr selbstbewusste Erwachsene entdecken Sprachreisen seitdem zuallererst auch als Single-Urlaub", ergänzt Monika Düngemann, Produktmanagerin für Sprachreisen in München. „Allein in Deutschland gibt es rund sechzig Anbieter", schätzt Kunze. Nicht alle sind seriös, das hat er mittlerweile herausgefunden. Die 21 im FDSV organisierten Veranstalter würden dagegen regelmäßig Standards wie Lehrerqualität, Ausstattung und Unterbringung kontrollieren lassen. Ratschläge gibt auch die Aktion Bildungsinformation (ABI) in Stuttgart, die den Sprachreisemarkt unter die Lupe nimmt und vor „schwarzen Schafen" warnt.
   Allein LAL Sprachreisen bietet im kommenden Jahr insgesamt sieben Sprachen in 18 Ländern und mehr als 70 Destinationen an. Die Angebote reichen vom Ferienkurs mit wenigen Lektionen pro Tag bis zum maßgeschneiderten Intensivkurs mit 40-Stunden-Woche. Das Neuste ist die Unterbringung im Haus des Lehrers, das meistens komfortabel ausgestattet ist. Frühes Beginnen ist ebenso möglich wie der Start spätabends.

(Fortsetzung: Seite 117)

Lösungen zu Seite 30 (Fortsetzung von Seite 116)

Sprachreisen speziell für Fach- und Führungskräfte haben unter anderem die Carl Duisberg Centren im Programm. Ziele sind zum Beispiel die USA, aber auch England und andere englischsprachige Länder. Um im Beruf nicht den Kürzeren zu ziehen, muss man sich über kurz oder lang wohl auch einmal mit so einem Sprachkurs auseinandersetzen. Wozu also noch Zeit verlieren?
(nach: Lüdenscheider Nachrichten, vom 4. Januar 2004)

Lösungen zu Seite 31

2. **Food-Designer – ein interessanter Beruf** (Zeichen in Klammern *kannst* du setzen)
Immer interessanter wird es, Lebensmittel zu designen. Vom Brauer bis zum Zuckertechnologen reicht die Palette der beteiligten Berufe. Versuchsköche, Verfahrenstechniker, Verpackungsingenieure und Marketingstrategen wirken daran mit, unsere Ernährung zu revolutionieren. Traditionelle Produkte zerlegen sie nach allen Regeln der Chemie, um aus den einzelnen Lebensmitteln neue Kreationen konstruieren zu können. Zunächst waren es die Snacks, die Chips, Cricks oder Kräckers, die Candy-, Müsli- und Schokoladenriegel, die nach dem Baukastenprinzip entstanden. Die Food-Designer arbeiten sich von den Desserts aus auf der Speisekarte nach oben, den aktuellen Trend im Blick habend. Dabei kommen sechzig bis achtzig Prozent unserer Nahrung aus der Industrie, die in Westeuropa jährlich mehr als 10 000 neue Artikel auf den Markt wirft, wobei diese, dem Trend folgend, immer weniger Kalorien haben und immer gesünder sein sollen. Am liebsten hätten die Verbraucher Lebensmittel, von denen man unendlich viel essen kann. „Gleichzeitig sollen sie aber auch gesund sein, das Immunsystem stärken und im besten Fall auch Krankheiten bekämpfen", schmunzelt Lebensmittelforscher Hagen Beyer über die Wünsche der Verbraucher.
Und so erfinden die Forscher künstliche Trüffeln, produzieren durch Zusatz von Glyzerin-Molekülen eine Schokolade, die nicht schmilzt, mixen Vitamine und Eiweißisolate zu Fitnessdrinks und experimentieren mit kariesheminenden Enzymen in süßem Naschwerk. Damit Öko-Geschirr kompostierbar wird, backen sie es aus Mais- und Kartoffelstärke. Selbst vor eigentlichen Grundnahrungsmitteln wird nicht haltgemacht, denn sie entwickeln aus Sojapulver, Gelatine, Xanthan-Gummi und Algenextrakt ein Käseimitat für die Tiefkühlpizza, damit diese auch schön aussieht und lange hält. Aber wer kauft so etwas? Obwohl manche Rezepte eher wie eine Gruselstory klingen, werden die meisten Produkte vom Konsumenten gekauft, ja regelrecht gewünscht. Alle anderen verschwinden nach kurzer Zeit vom Markt. Aber wie soll der Käufer sich auch entscheiden, wenn nicht nur die Werbung ihm das Blaue vom Himmel verspricht, sondern auch die Inhaltsstoffe derart verschlüsselt dargestellt werden, dass der Otto-Normal-Verbraucher sie einfach nicht erschließen kann?

Lösungen zu Seite 33

1. und 2.
Der Fußballspieler (N) visiert das Tor an.
Neben dem Fußballspieler (D) / *ihm* wartet ein Mitspieler.
Die Position des Fußballspielers (G) / *Seine* wird einfach nicht besser.
Ihn (A) ärgert es, dass er den Ball nicht spielen kann.

Die Polizistin (N) / *Sie* wartet auf ihren Einsatz.
Das Handy der Polizistin (G) klingelt.
Vor der Polizistin (D) / *ihr* fährt ein Streifenwagen vor.
Die Kollegen holen die Polizistin (A) zum Einsatzort ab.

Das Boot (N) dümpelt am Ufer.
Die Ruder des Bootes (G) liegen achtlos im Inneren.
Dem Boot (D) / *Ihm* fehlt eindeutig ein neuer Anstrich.
Der Besitzer des Bootes (G) / *Sein* Besitzer scheint es vergessen zu haben.
Bald kann er *das Boot* (A) / es nur noch verschrotten.

3. Welcher Hund gefällt dir? *Dieser* Hund.
Welchen Kunden meinten Sie? *Den* da vorne.
Das war toll!
Von welcher Reise sprichst du? Von *jener* im Winter.
Unser Schulleiter hielt eine Rede. *Diese* brachte es auf den Punkt.
Hast du das T-Shirt neu? *Dieses?* Nein. *Das* habe ich schon lange.

Lösungen zu Seite 34

1. und 2. **Greta in Gedanken**
Greta ging (Prät) völlig in Gedanken die Straße entlang. Die Menschen, die rechts und links an ihr vorbeieilten (Prät), sah (Prät) sie nicht. Zu sehr beschäftigte (Prät) sie das gestrige Gespräch mit Jan. Was hatte er da zu ihr gesagt (Plus)? „Du bist (Präs) wirklich ein toller Kumpel!" Kumpel! Pah! Das wollte (Prät) sie nun wirklich nicht für ihn sein! „Wie werde ich von nun an mit ihm umgehen (Fu)?", ging (Prät) es ihr durch den Kopf. Automatisch stoppte (Prät) sie vor einer Ampel. Ohne aufzusehen überquerte (Prät) sie anschließend die Straße. Da sah (Prät) sie das Auto auf sich zukommen. Vor lauter Schreck konnte (Prät) sie sich nicht rühren. Im letzten Moment spürte (Prät) sie einen Arm, der sie von der Straße riss (Prät). Freundliche, braune Augen blickten (Prät) besorgt auf sie herab. Eine angenehme Stimme erkundigte (Prät) sich, wie es ihr ging (Prät). „Netter Typ", dachte (Prät) Greta. „Nicht so wie Jan. Und überhaupt: Jan, wer war (Prät) das denn noch mal?"

Lösungen zu Seite 35

1. **Einmal Popstar sein!**
Meine Schwester träumt davon, Popstar zu werden! Sie gäbe häufig Konzerte, bei denen das Publikum ihr zujubelte. Kleine Geschenke flögen auf die Bühne. Sie wäre immer lässig gekleidet und erhielte Unterstützung von ihrem Manager. Immer wieder lernte sie neue Städte und Länder kennen, würde heiße Partys feiern und in noblen Hotels wohnen. Wir sähen sie im Fernsehen und könnten sie auf eigenen CDs hören. Wenn sie mir zu sehr mit ihren Träumereien auf die Nerven geht, schildere ich ihr, wie ihr Leben auch aussehen könnte: Sie käme ständig spät ins Bett und könnte meistens nicht lange schlafen, denn auf sie würden Proben warten. Immer wäre sie von Menschen umgeben.
2. **Lebenslauf 2050**
Im Jahre 2050 wäre ich 60 Jahre alt. Ich befände mich also im besten Alter. Nach meiner Schulzeit wäre ich Reiseverkehrskaufmann geworden. Natürlich hätte sich in der Zwischenzeit vieles geändert: Zu Beginn meiner Ausbildung hätte man noch überwiegend Reiseziele in Europa gebucht, heute nun wären Reisen ins Weltall der Renner. Früh träte ich einer Gewerkschaft bei, zu deren Vorsitzendem ich gewählt würde. Dieses Aufgabenfeld würde mir viel bedeuten. Mit meiner Lebensgefährtin lebte ich nun schon seit vierzig Jahren zusammen. Zum Glück bewohnten wir ein großzügig geschnittenes Haus, so dass wir uns auch einmal zurückziehen könnten. Unser Haus hätten wir gemeinsam geplant. Es könnte über dem Boden schweben, so dass wir unseren Standort immer wieder neu wählen könnten. Je nach Jahreszeit läge es am Wasser oder stünde in den Bergen. Es wäre durchaus möglich, hunderte Kilometer mit ihm zurückzulegen.

Lösungen zu Seite 36

2. **In der SV-Sitzung**
Christoph sagte, er habe darüber nachgedacht, für welche Zwecke der Erlös des Schulfestes gespendet werden könne.
Er schlüge vor, das Geld der hiesigen Tafel zu geben.
Dort bekämen Menschen täglich ein warmes Essen, die es sich selbst nicht mehr leisten können.
Er fragte, ob es nicht schlimm sei, dass mittlerweile hier bei uns solch eine Armut herrsche.
Auch einige Schüler unserer Schule seien bereits auf Hilfe angewiesen.
Christoph halte es für sinnvoll, wenn die Einnahmen dahin flössen.
Auch Freiwillige, die die gespendeten Lebensmittel von den Läden abholten, würden immer gebraucht.
Er sagte, wir sollten seinen Vorschlag in den Klassen vorstellen.

Lösungen zu Seite 37

3. **Einkaufen rund um die Uhr?**
In dem Artikel wird die Frage gestellt, ob heutzutage die gesetzlichen Ladenöffnungszeiten noch Sinn machen würden. Immer mehr Geschäfte verlängerten ihre Öffnungszeiten zugunsten der Kunden. Es wird festgestellt, dass vor Kurzem samstags noch um 14.00 Uhr das Wochenende für die Verkäufer begonnen hätte, diese mittlerweile aber gar bis 20.00 Uhr ihre Geschäfte für die kauffreudige Kundschaft geöffnet haben müssten / geöffnet hätten. Und selbst dann noch stünden einige Kaufwütige vor der Tür und begehrten Einlass. Es stelle sich die Frage, ob es denn wirklich nötig sei, am Samstagabend noch einen Liter Milch zu kaufen. Eine Supermarktleiterin gab an, dass mittlerweile auch der Sonntag als Einkaufstag im Gespräch sei. Da fragt man sich doch, ob das Einkaufen heutzutage nicht eher als Freizeitbeschäftigung gesehen würde. Demnächst würden einige Menschen also antworten, dass ihr Hobby das Einkaufen sei.

Lösungen zu Seite 38

1. **Im Fitness-Studio**
   Seit zwanzig Minuten werden von Guido schwere Hanteln gestemmt. Von seinen Muskeln wird bereits auf eine Pause gehofft. Doch es werden noch Gewichte nachgelegt. Interessiert wird er von Karsten beobachtet. Leichtsinnig wird nach neuen Scheiben gesucht. Guido wird jedoch ermahnt, nicht zu übertreiben. Am Ende der Trainingszeit wird stolz der Muskelumfang seines Oberarmes gemessen. Guido wird deswegen von zwei Mädchen ausgelacht. Nun wird er nicht mehr von Karsten beneidet.

Lösungen zu Seite 39

2. **Fußballer des Jahres**
   (P) Bernd Klustrop wurde gestern auf der Hauptversammlung des FC Schlingen 01 zum Fußballer des Jahres gewählt. (A) Die Mehrheit der Stimmen an ihn vergab wohl seine eigene Mannschaft, (P) von der er zusätzlich zum Kapitän bestimmt wurde. (A) Für Klustrop war dies ein zusätzliches Weihnachtsgeschenk, (P) da nicht nur seine herausragenden Leistungen gewürdigt wurden, (P) sondern er auch für seinen Teamgeist ausgezeichnet wurde. (A) Dafür überreichte ihm die Mannschaft eine Urkunde (A) sowie neue Fußballschuhe, (P) die von ihm in Zukunft besonders gepflegt werden. (P) Vorgenommen wurde die Ehrung von Weihnachtsmann Thorsten Seeheim, (P) der unterstützt wurde von Knecht Ruprecht, Ole Lampen. (A) Zum Abschluss äußerte die Mannschaft den Wunsch, auch weiterhin auf zahlreiche Zuschauer zählen zu können.

   Die Hauptversammlung des FC Schlingen 01 wählte gestern Bernd Klustrop zum Fußballer des Jahres. Die Mehrheit der Stimmen wurde von der eigenen Mannschaft vergeben, die ihn zusätzlich zum Kapitän bestimmte. Klustrop wurde dadurch ein zusätzliches Weihnachtsgeschenk gemacht, da seine Mannschaft nicht nur seine herausragenden Leistungen würdigte, sondern auch seinen Teamgeist auszeichnete. Ihm wurde eine Urkunde überreicht sowie neue Fußballschuhe, die er in Zukunft besonders pflegen wird. Weihnachtsmann Thorsten Seeheim nahm die Ehrung vor, Knecht Ruprecht, Ole Lampen, unterstützte ihn. Es wurde zum Abschluss der Wunsch geäußert, auch weiterhin auf zahlreiche Zuschauer zählen zu können.
3. **Zaziki:**
   1000 Gramm Jogurt wird in ein Sieb gegeben. Eine Salatgurke wird geschält und geraspelt. Anschließend wird ein Teelöffel Salz zu den Raspeln gegeben. Die Masse wird 10 Minuten stehen gelassen. In der Zwischenzeit werden 3 Knoblauchzehen in den Jogurt gedrückt. Die Jogurtmasse wird dann mit den Raspeln vermischt. Zuletzt wird noch 1 EL Olivenöl und 1 EL Essig hinzugefügt. Die Masse wird zum Schluss noch einmal durchgerührt und anschließend serviert.

Lösungen zu Seite 40

1. **Adjektiv oder Adverb?**
   ständig – hoffentlich – dort – selten – hier – groß – dauernd – gern – leider – oft – manchmal – wiederholt – gebildet – jetzt – dann – entzwei – begossen – nie – rasch – wertlos – großartig

Lösungen zu Seite 41/42

1. **Im Kino**
   Ich gehe gerne ins Kino, weil (kausal) die Filme dort ausdrucksstärker als im Fernsehen sind.
   Wenn (temporal) ein neuer Film anläuft, informiere ich mich über ihn.
   Obwohl (konzessiv) der Hauptfilm mich am meisten reizt, verfolge ich auch gerne die Vorschau.
   Neulich griff ich gerade zum Popkorn, als (temporal) mich meine Freundin anstieß.
   Bevor (temporal) ich die Tüte in Sicherheit bringen konnte, regnete das Popkorn auf die Zuschauer vor mir.
   Mir war dies furchtbar peinlich, sodass (konsekutiv) ich froh war, im Dunkeln zu sitzen.
   Meiner Freundin habe ich leidgetan, andernfalls (konditional) wäre ich auch sehr böse auf sie gewesen.
   Sie hat mich anschließend zu einer Pizza eingeladen, damit (final) ich auf andere Gedanken komme.
   Damit (kausal) mir so etwas nicht mehr passiert, verzichte ich nun auf Popkorn.
2. **Konjunktion oder Adverb? (Konjunktionen unterstrichen)**

<u>weil</u>	<u>da</u>	<u>ob</u>	<u>ehe</u>
deshalb	zuerst	trotzdem	<u>wenn</u>
<u>sofern</u>	allerdings	folglich	<u>nachdem</u>
diesmal	<u>sobald</u>	daher	so
<u>denn</u>			

3. Diesmal wollte Maria die Wahl zur Schülersprecherin nicht annehmen, da sie befürchtete, zu wenig Zeit zu haben.
   Deshalb sollten sich neue Kandidaten zur Wahl stellen, sofern sie ernsthaft interessiert seien.
   Zuerst wurde Marco vorgeschlagen, wenn er mit dem Amt einverstanden wäre.

(Fortsetzung: Seite 120)

LÖSUNGEN

Lösungen zu Seite 41/42 (Fortsetzung von Seite 119)

Allerdings wurde er gefragt, ehe er überlegen konnte, ob er das Angebot annehmen sollte.
Daher zweifelte er an sich selbst, denn er fühlte sich ein wenig überfordert.
Trotzdem ist er mit seinem Amt sehr zufrieden, nachdem er gewählt wurde.
Folglich macht er das Beste daraus, weil er seine Wähler nicht enttäuschen möchte.
So plant er bereits ein großes Schulfest, sobald ein Termin gefunden ist.

Lösungen zu Seite 43

1. **Modefimmel**
   Meine Schwester ärgert sich über ihre Freundin. Sie steht dauernd vor dem Spiegel. Ständig blättert sie in einem Modejournal. Auf dem Tisch stapeln sich die Journale. Jeden Tag legt sie ein neues auf den Tisch. Dann heißt es: „Das Top ist aus Leinen, die Jeans ist ohne/mit Taschen. Ich kann mich zwischen all den Kleidungsstücken nicht entscheiden." Wegen dieses Verhaltens hat meine Schwester keine Lust mehr auf ein Treffen mit ihr. Bei jeder Modesendung gerät sie ins Schwärmen. Nach jeder Modenschau will sie Model werden. Ihr größtes Glück wäre, wenn Claudia Schiffer durch die Tür träte. Unter diesen Umständen verliert sie noch ihre beste Freundin. Vielleicht kommt sie ja doch noch zur Vernunft und sagt: „Ohne dich geht es nicht!"
2. In aus wegen mit bei nach zur

Lösungen zu Seite 45

1. S P Ad. Best./Z Ad. Best./O AO P
   Die Unwetterfront hat am Sonntag im Münsterland ihre Spuren hinterlassen.

   S P Ad. Best./O Ad. Best./O P
   Ein Blitz schlug in eine Scheune in Anholt ein.

   S P
   Ein sich schnell ausbreitendes Feuer entwickelte sich.

   S P DO Ad. Best./Z
   Drei Bullen entwischten den Helfern während der Löscharbeiten.

   S P Ad. Best./O AO
   Eines der Tiere verursachte in einer angrenzenden Gärtnerei einen hohen Sachschaden.

   S Ad. Best./O P Ad. Best./AW P
   Das Feuer in der Scheune konnte schnell gelöscht werden.

   Ad. Best./Z P S AO Ad. Best./O
   Am Abend meldete das Wetteramt eine vorläufige Wetterberuhigung in der Region.

   Ad. Best./G P S Ad. Best./AW Präp.O
   Aufgrund aktueller Wetterwarnungen rechnet die Feuerwehr erneut mit häufigen Einsätzen.
2. b a c

Lösungen zu Seite 46

1. **Love-Parade**
   Ein Tross von Traumtänzern zog im Juli 1989 mit einem Lastwagen voller Musik über den Kurfürstendamm, weil Matthias Roeingh aus Spandau so seinen 29. Geburtstag feierte. Um jedem etwaigen Ärger aus dem Weg zu gehen, meldete er diese Aktion unter dem Motto „Friede, Freude, Eierkuchen" als Demonstration, die heute den Namen „Love Parade" trägt, an. Für viele Zuschauer war sein Motto zunächst eher sinnfrei, obwohl der DJ es näher erläuterte. Während „Friede" für Weltfrieden und Abrüstung stehe, bedeutet „Freude" für ihn Völkerverständigung durch Musik. Eierkuchen, die er besonders mag, ist sein Symbol für eine gerechte Nahrungsverteilung. Als Dr. Motte wurde der Erfinder der Musik-Demo zum lebendigen Maskottchen der Veranstaltung, die an jedem zweiten Juli-Wochenende Millionen Raver nach Berlin lockt.
2. Mit einem Schuss schickt ein Maler seine Tiere ins Rennen, bei denen es sich um Kakerlaken handelt.
   Die Zuschauer feuern sie an, da sie auf sie gewettet haben.
   Weil es nämlich keine festen Termine gibt, ist der Andrang zu den Rennen groß.

Lösungen zu Seite 47

1. **Ror Wolf: Vor einiger Zeit ...**
   Vor einiger Zeit, vor etwa zwei Jahren, Ende Oktober, eines Tages, am Samstag, als ich von meiner Reise aus den nördlichsten Gebieten Alaskas, genauer aus Barrow, zurückkam, geriet ich in eine Abendgesellschaft, wo sich mir ein Mann mit der Miene eines guten Bekannten näherte. Er sah mich an, als wolle er sich nach meinem Befinden erkundigen, und begann zu reden. Die Geschichte, die er erzählte, war ein Beispiel aus den gehobenen Kreisen und tatsächlich so merkwürdig, dass sie hier Platz finden soll. Ein vom Schicksal hart hergenommener Mann beerbte seine Tante, eine Multimillionärin, die gerade gestorben war. Er war nun ein reicher Mann und hatte keine Sorgen mehr. Eines Tages nahm er ein Buch aus der Bibliothek seiner Tante und fand beim Herumblättern zwischen den Seiten einen Brief. In diesem Moment begann das Geheimnis seine zerstörende Wirkung zu entfalten, das Verhängnis nahm seinen Lauf. Schließlich, an einem ruhigen Winterabend, ging dieser Mann im Schnee elend zugrunde.
2. Mögliches Beispiel
   Nach Ralf Thenior: Der Fall
   Er ging an den Automaten, der im Flur stand, und warf drei Münzen aus der Kaffeekasse ein. Er hörte es rumpeln. Ein Pappbecher aus dem Automaten fiel auf das schwarze Rost. Ein heißer Strahl Kaffeeflüssigkeit lief in den Becher aus Pappe, es klackte, der Strahl, eine braune Brühe, versiegte. Er nahm den unhandlichen Becher heraus, trank die Flüssigkeit, die nicht sehr appetitlich schien, in kleinen Schlucken, hörte es innen rumpeln, ein Pappbecher fiel auf das Rost, dampfende Kaffeeflüssigkeit lief hinein, es klackte. Er nahm den gräulichen Becher, trank, hörte es innen rumpeln, ein dritter Becher fiel, Flüssigkeit, die sich nicht bändigen ließ, es klackte. Er griff den Becher, das Ungetüm, hörte es rumpeln ...
   Später fand man ihn. Vor dem vibrierenden Kaffeeautomaten des Bürokomplexes. Der Hahn tropfte nur noch leicht.

Lösungen zu Seite 48

1. **„Bärlin"**
   1. Absatz
   Die Stadt heißt nicht Bärlin ..., dass ein Bär in einem Siegel von 1280 zu sehen war.
   mögliche Ersatzwörter für „Bär": Panda, Meister Petz, geruhsamer Pelzträger, Wappentier, Aushängeschild, Berliner Maskottchen, Teddy, ...
   2. Absatz
   Das Boot schaukelt in der Havel, der Besitzer liest unterm Sonnenschirm seine Zeitung, die Frau plaudert mit dem Nachbarn. Sie steht bis zum Bauch im warmen Wasser. Der Nachbar auch. An warmen Sonnentagen, wenn die Hitze wie im fernen Süden auf der Stadt liegt, scheint sich außer den Enten auf dem Wasser nichts mehr zu bewegen.
   3. Absatz
   Die „Wasserstadt Berlin" ist ein Denkmodell, bei dem davon ausgegangen wird, dass man am und nicht im Wasser lebt. Dieses Projekt geht auf das Bedürfnis nach schwimmenden Häusern zurück. Die Entwürfe sind besichtigt. Die Behörden sind jedoch noch nicht auf das Kommende eingestimmt. Solange sich daran nichts ändert, bleibt es also bei den Restaurantschiffen und Ausflugskähnen.

Lösungen zu Seite 49

1. Man spricht Deutsch
   Nee, sowatt abba auch! Datt glaubse nich! Da hatt doch die Gerda 'n Krösken mitten Nachbarn. (Dialekt: Ruhrdeutsch)
   Also ehrlich, da bin ich gestern wieder nach Sparkauf gegangen, um Angebote zu kaufen, weil die sind ja wirklich immer billig. Da steht da doch so ne Riesenschlange vor. (Umgangssprache)
   Wer schon als Kleinkind vom Fernseher verwöhnt und ruhig gestellt wurde, der schweigt offenbar auch, wenn er älter ist. (Standardsprache)
   Die Schnalle kann man völlig vergessen. Die hatte offensichtlich so voll alles drauf, wo die Typen unheimlich drauf abfahren. (Jugendsprache)
   Bei der Ausführung des Eckstoßes darf die Eckfahne nicht entfernt oder verändert werden. (Fachsprache: Fußball)
2. Das ist echt ein cooles Shirt! Das ist wirklich ein schönes Shirt!
   Meine Güte, die nervt vielleicht! Die geht mir auf die Nerven!
   Check doch mal, ob einer Bock auf die Disse hat. Frag doch mal, ob einer Lust hat, in die Diskothek zu fahren.

Lösungen zu Seite 50

1. mögliche Bedeutungen:
   a) Alex: *„Herr Meier ist doch wirklich das Letzte!"*
   Selbstmitteilung: Ich bin enttäuscht über meine Note.
   Appell: Stimmt mir alle zu!
   Sachinhalt: Note 5 in der Mathe-Arbeit
   Beziehung: Ich bin wütend über die Benotung des Lehrers

   b) Mutter: *„Da hilft nur Üben!"*
   Selbstmitteilung: Ich bin enttäuscht über die Note.
   Appell: Übe mehr!
   Sachinhalt: Du hast eine schlechte Note geschrieben, weil du zu wenig geübt hast.
   Beziehung: Ich mache mir Sorgen um dich.
2. Vater: Sachinhalt: Ich gehe jetzt spazieren. Tochter hört Appell: Komm doch mit spazieren / Selbstmitteilung: Ich habe keine Lust.
   Herr Müller: Sachinhalt: Da kommt ein Radfahrer. Frau Müller hört Beziehung: Ich halte dich für eine schlechte Autofahrerin.

Lösungen zu Seite 53

1. Demonstrativpronomen (dieser, jene); Adverbien (heute, leider, daher, inzwischen, außerdem); Präpositionen (auf, zu, von, neben); Adjektiv (wenige, meisten, selten, häufig, ständig, beide); Possessivpronomen (mein, unser, seine); Konjunktion (obwohl, indem, damit, nachdem).
2.

Ich	bleibe	Schüler.
S	P	Gleichsetzungsnominativ

Die Schule	bietet	alles Wünschenswerte.
S	P	AO

Gestern	konnte	ich	mich	während der Sportstunde	im Schwimmbad	erholen.
Adverb. Best/Z	P	S	AO	Adverb. Best./Z	Adverb. Best./O	P

Um heute zu entspannen,	sitze	ich	am Schreibtisch	bei den Hausaufgaben.
Adverb. Best/G	P	S	Adverb. Best./O	Adverb. Best./AW

3. In den Großstädten Deutschlands nimmt der Verkehr immer mehr überhand. Für die Unmenge Autos, die dort angemeldet sind, finden sich immer weniger Parkplätze. Nach Auskunft der Polizei kommt es daher zu weit reichenden Verkehrsverstößen, die zunehmend härter geahndet werden. Der Polizeisprecher bedauert, dass die Autofahrer in den Großstädten anscheinend immer uneinsichtiger und dreister werden. So werden Bürgersteige, die im Ernstfall als Rettungswege wichtig sind, einfach gedankenlos zugeparkt.

Lösungen zu Seite 54

4. Musik war für Siri lebensnotwendig geworden, denn Stille ertrug sie kaum.
   Wenn sie keine Melodien hörte, wurde sie unruhig.
   Während sie am schwarzen Konzertflügel saß, vergaß sie alles um sich her.
   Sie musste dennoch täglich üben, obwohl Siri ein Naturtalent war.
   Seitdem sie denken konnte, spielte sie schon Klavier.
5. Gestern Abend wurde ein Supermarkt überfallen.
   Es wurden Bargeld und Waren im Wert von einigen hundert Euro erbeutet.
   Dieser Wert wurde von dem Filialleiter nach einer ersten Begutachtung angegeben.
   Vor dem Supermarkt wurden die beiden Täter von einem Komplizen erwartet.
   Dieser wurde dabei beobachtet.
   Die Täter wurden nach kurzer Verfolgung von der Polizei gestellt.
6. Ich wäre Bankkaufmann.
   Ich ginge zu Fortbildungen.
   Ich läse Fachzeitschriften. / Ich würde Fachzeitschriften lesen.
   Ich baute ein eigenes Haus.
   Ich restaurierte Oldtimer. / Ich würde Oldtimer restaurieren.
   Ich wäre im Vorstand des Sportvereins.
   Ich zeigte soziales Engagement im Umweltschutz. Ich würde soziales Engagement zeigen.

Lösungen zu Seite 55

7. Karsten sagt, er sei gestern bei der Berufsberatung gewesen und habe sich informiert.
   Sarah meint, sie habe ihren Ausbildungsbetrieb durch ihr Praktikum gefunden.
   Karsten bedauert, dass ihm leider sein Praktikum gar nicht gefallen habe. Er habe wohl falsche Erwartungen gehabt.
   Sarah stellt fest, je besser man informiert sei, umso leichter falle einem die Berufsentscheidung.
8. Der Mann dachte immerzu an das Wort „Paradies". Er konnte an nichts anderes mehr denken als an zu Hause. Durch zerstörte Straßen, wo ihm niemand begegnete, lief der Mann.
   Es war dunkel geworden, und er setzte sich auf eine Bank. Seine Küchenuhr hielt er in den Händen, dachte nach und stand auf. Er hatte die schlimme Vergangenheit hinter sich gelassen.
9. Gell, die Computerfreaks werden auch immer irrer. Arbeitete man vor einiger Zeit noch mit Disketten, so ist heute der Brenner in. Tausende von CD-ROMs werden so illegal getoastet. Heute verfügen alle Insider über die neueste Software, die coolsten Online-Games und beeindrucken damit ihre Chat-Partner. Gefühle werden nicht mehr literarisch vermittelt, sondern mittels Emoticons. Einfach völlig Banane!

Lösungen zu Seite 59

1a. Der Mann langweilt sich – einsam – Kälte – schlechte Ehe – ob Hildegard was merkt? etc.

Lösungen zu Seite 60

1b. Handlungen von Paul:
- Ausprobieren des neuen Füllers
- inhaltsloses Kritzeln und Schreiben
- räumt auf
- liest Kinoanzeigen
- dreht Radio aus
- liest Gebrauchsanweisung in verschiedenen Sprachen
- sitzt einfach da
- wartet auf Hildegard

Gedanken von Paul:
- überlegt, wem er schreiben könnte
- denkt über Fortgehen nach Südamerika nach
- denkt an Palmen
- stellt sich Hildegards mögliche Reaktionen vor
- denkt an Hildegard

Situation:
- Paul sitzt zu Hause
- Kinder sind im Bett
- Ehefrau Hildegard ist bei Kirchenchorprobe

Beziehung zu Hildegard:
- Ehealltag
- Langeweile
- Gefühlskälte (Mir ist es hier zu kalt)
- Verhalten der Personen ist berechenbar

Wunschvorstellungen Pauls:
- will nach Südamerika
- träumt von Palmen und (innerer) Wärme
- will ausbrechen aus dem Eheeinerlei
- sucht Abwechslung und Geborgenheit

Wissen über Hildegard:
- ist bei Kirchenchorprobe
- würde an einem Weggehen Pauls zweifeln
- würde dies kontrollieren (Hemden zählen, im Löwen anrufen)
- weiß nicht, dass der Löwe mittwochs geschlossen ist
- nähme an, es sei etwas geschehen
- würde lächeln, verzweifeln, sich mit der Situation abfinden
- Gesten (Haare aus dem Gesicht streichen, mit dem Ringfinger der linken Hand an der Stirn entlangfahren)

Sprache und Stil:
- meist Parataxe, ohne Verknüpfungswörter
- reihender Satzbau bewirkt Langeweile: enger sprachlicher Bezug zum Inhalt

(Fortsetzung: Seite 124)

Lösungen zu Seite 60 (Fortsetzung von Seite 123)

- eintönige Wortwahl
- Aufzählungen: weist auf Routine, Alltag hin
- Wiederholungen
- Konjunktiv II: Pauls Weggang ist unwahrscheinlich
- Personaler Erzählbericht (3.p. Sg.)
- Symbole: Palmen = Sonne, Wärme
- Innerer Monolog

Aufbau der Geschichte:
- unvermittelter Anfang, offenes Ende

Deutungsmöglichkeiten:
- Paul will dem Ehealltag, der Routine und Gefühlskälte entfliehen.
- Mangelnde Kommunikation zwischen Paul und Hildegard
- Träumt von einer Flucht nach Südamerika
- Mit dem Ziel „San Salvador" hat Paul sich kaum beschäftigt (vermutet es in Südamerika)
- Paul fehlt der Mut zum Weggehen

1c. Die Kurzgeschichte „San Salvador" von Peter Bichsel aus dem Jahre 1964 beschreibt die Gedanken und planlosen Handlungen des Familienvaters Paul, der davon träumt, der Eintönigkeit seiner Ehe mit Hildegard zu entfliehen, sich letztendlich jedoch nicht dazu aufraffen kann.

1d. Ergänzungen: siehe Lösungen 1b

Streichungen z. B.:
- Wen interessiert das?
- Will ins Kino gehen
- urlaubsreif
- Würde er vielleicht auch gerne mit Hildegard in Urlaub fahren?

Lösungen zu Seite 65/66

2.–4.: *Einleitung:* – Erich Kästner: Sachliche Romanze (1928); – Autor war zeitkritischer Moralist und Humanist; – veröffentlichte „Gebrauchslyrik"; – Kästner stellt eine trist wirkende Beziehung zwischen Mann und Frau dar, die sich, obwohl ihr Alltag durch mangelnde Kommunikation und Gewohnheit bestimmt wird, ihr liebloses Verhältnis nicht eingestehen wollen;

Hauptteil: – Beobachter schildert den Alltag in einer Beziehung; – Mann („er" Z. 8) und Frau („sie" Z. 8) (Ehepaar oder einfach Paar) kennen sich mittlerweile acht Jahre; – beide stellen fest, dass sie einander nicht mehr lieben: Sie sind zwar traurig darüber, finden jedoch keinen Ausweg aus ihrem Lebensalltag, der durch immer wiederkehrende Handlungen und Kommunikationslosigkeit bestimmt wird; – 4 Strophen: Strophen 1–3 bestehen aus je 4 Versen (Quartette), Strophe 4 besteht aus 5 Versen (Quintett); – in der 1. Strophe wird die Situation der Partner dargestellt; – in der 2. Strophe wird deutlich, dass beide eigentlich etwas an dieser Situation ändern möchten, aber im Grunde völlig hilflos sind; – der Mann reagiert dabei eher teilnahms- und hilflos, während die Frau ihre Traurigkeit durch Tränen offen zeigt (Z. 5–8); – in der 3. Strophe wird beispielhaft eine der stetig wiederkehrenden Alltagshandlungen gezeigt; – die Betonung liegt auf Nebensächlichem: Gesehenem, Gehörtem (Z. 9–12); – der Umgang der beiden Partner miteinander rückt in den Hintergrund, erscheint nicht nennenswert, denn sie kommunizieren nicht miteinander; – in der letzten Strophe (Z. 13–17) wird die mangelnde Kommunikationsfähigkeit im Café explizit dargestellt; – es wird deutlich, dass die Partner im Grunde miteinander sprechen wollen und vielleicht auch ihre einstige Beziehung wiederherstellen wollen („und konnten es einfach nicht fassen" Z. 17), doch stattdessen sitzen beide allein im Café und reden nicht miteinander; – regelmäßiger Kreuzreim, Ausnahme Strophe 5: abaab; – eine Assonanz findet sich lediglich in den Zeilen 1 und 3: kannten – abhanden; unregelmäßiges Metrum, dennoch wirkt das Gedicht aufgrund des Reimschemas und der Silbenanzahl in den Versen rhythmisch; – diese Rhythmik unterstützt den eintönig erscheinenden Tagesablauf der beiden Partner und verstärkt den Eindruck der Gewohnheit; – weiter hervorgehoben wird dieser Eindruck durch den Satzbau (Zeilenstil und Parataxen) sowie durch die Wiederholung der Konjunktion „und" (Z. 2, 7, 11, 14, 17); – die Überschrift „Sachliche Romanze" (Oxymoron) sowie die Darstellung der Situation im Café („Vom Fenster aus konnte man Schiffen winken" Z. 9) lassen den trügerischen Eindruck einer „Scheinromantik" entstehen, die aber durch die Schilderung des Verhaltens der beiden Personen wieder aufgebrochen wird; – somit entsteht ein eindeutiger Gegensatz zwischen der äußeren und der inneren Situation des Paares; – dies erzeugt Spannung und den Wunsch, etwas gegen die bedrückende Stille zu unternehmen, vielleicht sie mit Worten zu durchbrechen; – die in der ersten Strophe offensichtliche Ironie (Z. 2 Kommentar des Autors) sowie der in Z. 4 angedeutete Vergleich der Liebe mit Stock oder Hut bedingt eine Gleichsetzung der Liebe als Gegenstand; – damit einher geht, dass die Menschen nicht mehr Subjekte, sondern eher Objekte sind, die passiv und machtlos erscheinen; – dem entgegen steht das zaghafte Aufflammen der Gefühle und die deutliche Resignation beider Personen (Z. 8 „Da weinte sie schließlich. Und er stand dabei."); – obwohl eher nebensächlich, verstärken scheinbar belanglose Beschreibungen der äußeren Situation (Z. 9, Z. 12) die vorherrschende Spannung; – abschließend ist eine Veränderung bzw. Verbesserung der Situation nicht absehbar;

(Fortsetzung: Seite 125)

Lösungen zu Seite 65/66 (Fortsetzung von Seite 124)

Schluss: – Kästner zeigt, wie langjährige Beziehungen unter Gewohnheit und Alltagstrott leiden bzw. daran zugrunde gehen, wenn beide Partner sich daraus nicht befreien können; – er hat in diesem Gedicht die sprachliche Gestaltung geschickt mit der Aussage verbunden; – Wortwahl, Satzbau und eingesetzte rhetorische Figuren betonen die beabsichtigte emotionale Stimmung und hinterlassen auch beim Leser ein Gefühl von Hilflosigkeit, Resignation und Kommunikationsunfähigkeit; – deutlich wird, dass beide Partner zu gleichen Teilen Schuld an ihrer jetzigen Lage tragen; – ebenso wird gezeigt, dass es für sie keinen Ausweg aus dieser Situation gibt, denn sie erscheinen fassungs- und teilnahmslos.

Lösungen zu Seite 70

3. (Schüleraufsatz): In mehreren Feierlichkeiten wurde im Januar 2005 der Befreiung des Konzentrationslagers Auschwitz-Birkenau gedacht, die am 27. Januar 1945, drei Monate vor dem Ende des Zweiten Weltkrieges, erfolgt war. In diesem und weiteren Vernichtungslagern ermordeten die Nationalsozialisten während des Zweiten Weltkrieges mehrere Millionen Juden, Kriegsgefangene, Ausländer und politisch Andersdenkende. Auch Bundeskanzler Gerhard Schröder erinnert mit seiner Rede am 25. Januar 2005 auf einer Gedenkveranstaltung des Internationalen Auschwitz Komitees im Deutschen Theater Berlin an die Opfer des Nazi-Regimes. Er appelliert mit dem Text seiner Rede an das Pflichtgefühl aller Demokraten, dafür zu sorgen, dass diese Verbrechen an der Menschheit nicht in Vergessenheit geraten. Außerdem fordert er dazu auf, den Antisemitismus in unserer Gesellschaft zu bekämpfen, indem Freiheit, Gerechtigkeit und Menschenwürde bewahrt blieben sowie geachtet und geschützt würden und „alle Europäer und die ganze Staatengemeinschaft [...] immer wieder neu lernen, respektvoll, menschlich und in Frieden miteinander zu leben" (Z. 69–71).
Der Bundeskanzler beginnt seinen Vortrag mit einer Anrede („Verehrte Überlebende von Auschwitz-Birkenau ..." Z. 1/2), um zu betonen, dass er den Opfern des Naziregimes besonderen Respekt entgegenbringt. Erst danach wendet er sich an alle übrigen Zuhörer, denen sein abschließender Appell gilt. Schröder gibt zunächst einen kurzen Rückblick über das Geschehen in Auschwitz und betont, dass er als „Repräsentant des demokratischen Deutschlands" (Z. 22) Scham empfindet und sich seiner Verantwortung bewusst ist. Um zu betonen, dass er für alle Deutschen spricht, verwendet er im Folgenden das Personalpronomen „Wir" (Z. 26 ff.). Somit macht er deutlich, dass sich die Deutschen der Verbrechen ihrer Vorfahren bewusst sind und auch die Verantwortung dafür übernehmen, mithilfe der Politik und der Justiz solchen politischen Strömungen entgegenzuwirken („[...] getragen vom Rechtsbewusstsein ihrer Bürgerinnen und Bürger." Z. 29/30). Somit macht er im ersten Teil seiner Rede die Ehrfurcht in Bezug auf dieses Thema deutlich. Er zollt den Opfern Respekt und weist gleichzeitig darauf hin, dass die Bürger der Bundesrepublik sehr wohl wüssten, dass immer noch Antisemitismus herrsche und dieser bekämpft werden müsse. Diesbezüglich erwähnt er die rechtsextreme Szene, die „mit ihren dumpfen Parolen und Schmierereien" (Z. 36) besondere Aufmerksamkeit der Polizei, des Verfassungsschutzes und auch der Justiz erfordere. Durch diese Art des Ausdrucks hebt er seine starke Missbilligung hervor und sichert gleichzeitig den Schutz aller jüdischen Mitmenschen zu. Dabei stellt er Neo- und Altnazis als „Feinde von Demokratie und Toleranz" (Z. 41) heraus.
Im nächsten inhaltlichen Abschnitt, der wie die vorangegangenen und folgenden auch, mit der allgemeinen Anrede „Meine Damen und Herren," (Z. 20, 43, 51 etc.) eingeleitet wird, spricht der Bundeskanzler aus der Perspektive der Überlebenden von Auschwitz die Verantwortung aller lebenden und kommenden Generationen an, über die Verbrechen der Nazis aufzuklären. Die Anapher („Sie" Z. 45, 46, 48, 49) bestärkt die Angesprochenen darin, dieses Vorhaben auszuführen und selber Verantwortung zu übernehmen.
Im nächsten Abschnitt (Z. 51–59) stellt Schröder zwar noch einmal heraus, dass die meisten heute lebenden Deutschen keine direkte Schuld mehr am Holocaust tragen. Dennoch sei der Völkermord seiner Meinung nach ein Teil der nationalen Identität. An dieser Stelle benutzt er wiederum die Pronomen „wir" und „unser", um das Gemeinschaftsgefühl zu stärken. Es scheint so, als wolle er die Last, die diese geschichtliche Verantwortung mit sich bringt, auf viele Schultern verteilen. Im letzten Absatz (Z. 60–78) macht er noch einmal deutlich, dass in Deutschland bereits viel zur Aufklärung getan wird (Z. 64–66), dass Respekt, Menschlichkeit und Frieden jedoch auch Werte seien, für die nicht nur die Deutschen, sondern alle Europäer und die ganze Staatengemeinschaft überhaupt eintreten müssten. Er würdigt das Internationale Auschwitz Komitee für seine Arbeit, denn diese sei „im Interesse aller Menschen" (Z. 75/76). Respektvoll äußert er abschließend, dass die Opfer des Naziregimes unvergessen bleiben würden.
Die von Schröder verwendete Wortwahl verdeutlicht anschaulich seine Sichtweise der geschichtlichen Ereignisse, indem er das Grauen, das die Opfer der Nazis erfahren mussten, umschreibt: „Völkermord" Z. 15, „Dämonen Hitler" Z. 16, „Hölle der Konzentrationslager" Z. 23 etc. Indem er alle Deutschen in seine Position einbezieht, verallgemeinert er diese Sichtweise. Dies unterstützt er durch Begriffe wie Respekt, Menschlichkeit, Frieden und Toleranz, um das demokratische Bewusstsein der Deutschen hervorzuheben. Er verurteilt die Taten der Nazis als moral- und sinnlos, räumt aber auch gleichzeitig ein, dass sie „menschengewollt und menschengemacht" (Z. 19) seien. Somit erkennt er im Namen aller Deutschen die Vergangenheit an und schafft ein Bewusstsein in Bezug auf die Notwendigkeit von Maßnahmen zum Erinnern und zur Bekämpfung rechtsradikaler politischer Tendenzen. Anhand dieser

(Fortsetzung: Seite 126)

Lösungen zu Seite 70 (Fortsetzung von Seite 125)

Darstellung und mithilfe dieses Aufbaus der Rede wirkt der resultierende direkte Appell, sich stetig zu erinnern und gegen rechtsradikale Tendenzen anzukämpfen, schlüssig und als einzig mögliche Konsequenz des geschilderten Völkermordes. Insgesamt zeigt er deutlich Sensibilität im Angesicht der Opfer, denn weder weist er die Schuld der früheren Generationen zurück noch widerspricht er der Tatsache, dass Handlungsbedarf besteht. Daher wirkt seine Rede im Hinblick auf Inhalt und Sprache angemessen. Somit ist anzunehmen, dass Gerhard Schröder auf breite Zustimmung hinsichtlich des Inhaltes seiner Rede stößt. Mir persönlich gefällt ...

Lösungen zu Seite 73/74

3. (Schüleraufsatz): Die mir vorliegende Anzeige der Autofirma „Chevrolet" stammt aus einer Zeitschrift für junge Frauen. Ganzseitig wird für einen mintgrünen Kleinwagen geworben, der den Namen Matiz „Miss Daisy" trägt. Angesprochen werden sollen mit der Werbeanzeige vermutlich junge Frauen im Alter von 20 und 30 Jahren.
Beim Betrachten der Anzeige fällt ein geteilter Bildaufbau auf. Im oberen Teil ist in weißer Schrift auf mintgrünem Hintergrund der Werbeslogan „Frauen sind anders. Miss Daisy auch." zu lesen. Dieser fällt aufgrund der Größe der Schrift besonders ins Auge. Als Eyecatcher dient aber das Foto des zu bewerbenden Produktes im Mittelpunkt der Anzeige. Der Wagen ist abgebildet auf einer grauen Straße. Im Hintergrund erkennt man verschwommen einen dunkelblauen Himmel; im Vordergrund erscheint ebenso undeutlich eine Wiese, die das Grün des Autos wieder aufnimmt. Der Wagen befindet sich augenscheinlich in Bewegung, was auch die sich drehenden Räder bedeuten. Nicht nur die frische, dynamisch wirkende Farbe des Autos, die die Hintergrundfarbe des oberen Teils wieder aufnimmt, sondern auch das spezielle Design des Kleinwagens mit seinen dunklen, schwarzen Scheiben wirken spritzig und energiegeladen. Die abgebildeten Gänseblümchen auf der linken Seite des Autos entsprechen dem englischen Namen „Miss Daisy" grafisch und lassen den Wagen fröhlich und positiv erscheinen. Weiter unten ist auf dunkelblauem Hintergrund rechts das Logo des Herstellers „Chevrolet" abgebildet. Im unteren linken Anzeigenteil sind in einem hellgrau unterlegten und abgerundeten Kasten Hintergrundinformationen zu dem Produkt zu lesen. Diese beziehen sich auf Hinweise zu dieser Sonderedition des Matiz. Statt detaillierte Angaben zu technischen Daten und Neuerungen zu nennen, betont der Hersteller hier inhaltlich die Design-Varianten des Autos: „in vielen bunten Farben und fröhlichen Blumen-Outfits" sowie den Preisvorteil gegenüber dem Basismodell. Bei der Zielgruppe werden also Mode- und Preisbewusstsein vorausgesetzt. Dieser Eindruck wird durch Hochwertwörter („vielen bunten", „fröhlichen", „tolle", „flotte", „starken") verstärkt. Zudem lässt sich der Anglizismus „Outfits" eher mit Kleidung verbinden, und daher erscheint das Auto sehr trendy. Technische Angaben werden unter der eher vagen Umschreibung „tolle Ausstattung" und „flotte Motorisierung" zusammengefasst, was vermuten lässt, dass man bei den Werbestrategen davon ausgeht, dass die potenziellen Käufer nicht viel Wert auf derlei Angaben legen.
Bereits der im Slogan verwendete Name des Produktes „Miss Daisy" erscheint als Personifikation und suggeriert dem Kleinwagen einen eigenen Charakter, ein spezielles Wesen, das durch das Lay-out spezifiziert wird. Fröhlichkeit, Spritzigkeit, Dynamik, Schnelligkeit und etwas Besonderes scheinen das Auto auszuzeichnen. Mit der Headline „Frauen sind anders. Miss Daisy auch." suggeriert der Hersteller durch den elliptischen Satzbau, dass dieses Auto ganz speziell auf Frauen zugeschnitten ist, ihre Eigenheiten und Besonderheiten aufnimmt und widerspiegelt. Der Gegenstand erhält durch seine Beschreibung fast schon eine Art Persönlichkeit, die – so verspricht es Chevrolet – in verschiedenen Farben und Outfits erhältlich ist. Die Aufforderung links unten „Lernen Sie „Miss Daisy" kennen ..." verstärkt den Eindruck, man mache Bekanntschaft mit einer Person, die etwas Besonderes ist. Insgesamt wird also sehr stark mit den Gedanken der Zielgruppe gespielt, denn der Slogan wie auch der Werbetext lässt verschiedene Konnotationen zu, die jedoch immer positiv und fröhlich besetzt sind.
Somit kann der Eindruck bestätigt werden, dass es sich bei der Zielgruppe um junge Frauen handelt, die ein Auto mode- und preisbewusst auswählen. Meiner Meinung nach wird die Strategie der Werber aufgehen, denn das Auto wirkt in der Anzeige einmalig, fröhlich und trendy. Damit wird die Zielgruppe jedoch auch sehr eingeengt.

Lösungen zu Seite 74

4. Um diese Sonderedition für Männer attraktiv zu gestalten, müsste das Lay-out komplett verändert werden: Farben und auch die Gänseblümchen passen nicht mehr, denn Männer möchten nicht niedlich wirken. Somit müsste auch der Name verändert werden. In dem Informationstext müssten ebenfalls konkrete technische Daten enthalten sein, z. B. in Bezug auf die PS-Stärke, Motorenvariationen, Verbrauch etc. Hinweise auf Preisvorteile wären sinnvoll.

Lösungen zu Seite 75 (Fortsetzung Seite 127)

1. – Es handelt sich um eine ganzseitige Anzeige der Firma Schwartau für den Müsliriegel „Corny Schoko". Der Zusatz „Neu" kennzeichnet den Müsliriegel als neues Produkt; dies wird auch durch den Slogan „Jetzt mit noch mehr Schokolade" deutlich. - Als Blickfang der Anzeige dient eine Abbildung der Verpackung des Riegels. Aus dieser Verpackung „schießt" der neue Riegel hervor, umhüllt von einer Schokoladenwolke. Die dynamische Gestaltung dieser Abbildung macht deutlich, dass der Riegel besonders für aktive Menschen gedacht ist, die viel Energie benötigen, z.B. für den Sport. Durch den erhöhten Schokoladenanteil kann das Produkt diesen Energiebedarf decken. - Der Hintergrund des Bildes (Getreidefeld) verweist besonders auf die gesunden, nahrhaften Zutaten des Riegels, näm-

Lösungen zu Seite 75 (Fortsetzung von Seite 126)

lich Getreide. Auch der Slogan „Köstlich körnig" teilt dem Kunden mit, dass der Riegel ein leckerer und gleichzeitig gesunder Snack für Zwischendurch ist. Durch die Alliteration bleibt die Botschaft gut im Gedächtnis der Kunden haften. - Ein Blickfang ist auch der Kreis in der linken unteren Ecke der Anzeige. Er erinnert an einen Stempel, mit dem das Produkt versehen wird. Daher prägt sich sein Inhalt gut ein. Die Stichworte „Neue Rezeptur" und „extra viel Schokolade" dienen dazu, die Werbebotschaft im Gedächtnis des Kunden zu verankern. Der Hinweis darauf, dass der Riegel ohne Farb- und Konservierungsstoffe sowie ohne künstl. Aromastoffe auskommt, soll dem Kunden das Gefühl vermitteln, dass es sich bei „Corny Schoko" um eine gesunde Zwischenmahlzeit handelt. - Zielgruppe dieser Anzeige sind demnach aktive, sportliche Menschen, die genießen und sich gleichzeitig gesund ernähren wollen.

Lösungen zu Seite 77

2. *Ziel:* Ozdyk möchte auf den in den Medien und der Werbung propagierten Egoismus hinweisen, durch den verhindert wird, dass sich Menschen den wesentlichen Problemen (Hunger, Kinderarbeit, Armut, Obdachlosigkeit etc.) zuwenden.
   Adressat: Menschen jeden Alters; im Speziellen diejenigen, die sich nicht engagieren, nicht Mitmenschen helfen oder unterstützen und sie im Gegenteil ausnutzen oder ausbeuten; auch die Medien und die Werbeindustrie, die derart Parolen und Lebenshaltungen verbreiten.
   Thesen: – Kunden und Verbraucher handeln gegen jedes Gefühl von Anstand; – in unserer Gesellschaft gibt es einen eindeutigen Werteverfall; – Verbraucher resignieren angesichts der überhandnehmenden Werbung, wehren sich nicht gegen derartige Beleidigungen; – dennoch kaufen sie bei Unternehmen ein, durch die sie diffamiert werden; – ohne Menschen, die hilfsbereit sind, könnten andere nicht überleben etc.
3. – Ozdyk beginnt seinen Kommentar mit drei einleitenden Fragen, die indirekt den Schreibanlass begründen und den Leser nachdenklich stimmen; so erreicht er eine gewisse Erwartungshaltung, denn der Leser erwartet Antworten (Z. 1–8); – ein Kommentar schwächt die Bedenken nur scheinbar ab, fordert aber Zustimmung heraus (Z. 19–21); – die stetige Wiederholung des Slogans „Geiz ist geil!" (Z. 21/22, 25, 27/28 ...) wirkt stellenweise wie eine Antwort oder ein Kommentar und lässt die im Vorfeld kritisierte Konsumhaltung der Menschen angesichts der Nöte anderer völlig unmenschlich, gar absurd wirken; – konkrete Beispiele und Fakten (Z. 23–25) sind zwar Behauptungen, wirken jedoch wie Argumente, gegen die es keine Gegenargumente gibt etc.
4. Ozdyk verwendet nahezu durchgängig Fakten- und Wertargumente, die zwar nicht immer begründet oder hinsichtlich ihrer Folge dargestellt werden, doch sie erscheinen plausibel und müssen aufgrund ihrer Eindringlichkeit größtenteils nicht weiter ausgeführt werden. Somit wird deutlich, dass auch Beispiele oder Fakten als Argumente herangezogen werden können.

Lösungen zu Seite 78

3. Leserbrief eines Schülers: Wer geldgierig ist, bekommt nie genug, und wer den Luxus liebt, hat immer zu wenig. Meiner Meinung nach trifft diese Aussage auf unsere Gesellschaft nur bedingt zu, und daher stimme ich der Meinung, die Günter Ozdyk in seinem Kommentar „Geiz ist geil!" vertritt, nur zum Teil zu. Sicherlich würden ganze Konzerne nicht mit derartigen Slogans werben, wenn sie nicht erwarten würden, damit mehr Konsumenten anzulocken. Aber es gibt eben nicht nur solche Menschen, die egoistisch um Profit oder billige Preise am Wühltisch kämpfen. Viele engagieren sich ehrenamtlich in Vereinen oder bei den Tafeln der Städte, um Obdachlose zu versorgen. Sie arbeiten als Grüne Damen in Krankenhäusern, um Kranken Trost zu spenden oder Todkranken den letzten Weg zu erleichtern. Auch die Spendenbereitschaft der Bürger und ihr Wille, durch Aktionen Geld zu sammeln, ist groß, wie vor kurzem die Hilfsbereitschaft für die Opfer der Flutkatastrophe in Südostasien gezeigt hat. Wenn viele nicht helfen, hat das meiner Meinung nach zum großen Teil mit den Medien oder Konzernen zu tun, die gar nicht oder nur zum Teil aufklären. So würde ich einen Lederball sicher nicht kaufen, wenn ich wüsste, er würde von Kinderhand in Indien hergestellt. Doch dazu fehlen mir eben die Informationen. Andererseits kann ich aber auch Menschen verstehen, die nicht in der Lage sind, sich auszusuchen, wo oder was sie einkaufen, weil sie selber nicht genügend Geld zur Verfügung haben. Ich denke, man sollte differenzieren und nicht einfach alle Menschen in einem Rundumschlag verteufeln. Man muss sich doch nur umschauen, um Gutes zu entdecken.

Lösungen zu Seite 80 (Fortsetzung: Seite 128)

1. *lineare Form (rot):*
   - Warum ist es sinnvoll, jeden Tag eine Tageszeitung zu lesen?
   - Mit Schuluniformen haben alle Schüler und Schülerinnen die gleichen Chancen!
   - Warum sollte die Wehrpflicht abgeschafft werden?
   - Wie kann man Vandalismus in der Schule vorbeugen?
   - Es gibt viele Gründe, die für die Einführung einer Autobahnmaut für PKWs sprechen.
   - Die Teilnahme an einem Schüleraustausch sollte verpflichtend für alle Schüler und Schülerinnen sein.
   - Mit welchen Zielen sollte Powerpoint im Unterricht eingesetzt werden?
   - Jeder Schüler benötigt einen Laptop.

Lösungen zu Seite 80 (Fortsetzung von Seite 127)

dialektische Form (blau):
- Jobben statt für die Schule pauken?
- Ist der Führerschein ab 17 sinnvoll?
- Sollte Fastfood verboten werden – ja oder nein?
- Wohnen auf dem Land oder in der Stadt – eine Frage der Attraktivität?
- Piercing – Schönheit um jeden Preis?

Lösungen zu Seite 82

2. – dialektische Form
   – mögliche Fragen: Ist das alltägliche Leben ohne Handy nicht mehr denkbar? / Ist Mobilfunk eine Gefahr für die Bürger? / Handy – Konsumspielzeug oder unverzichtbarer Nutzgegenstand? / Mobiltelefon – Statussymbol oder Alltagsgegenstand? etc.

Lösungen zu Seite 83

3. + 4. Sammlung von Argumenten zu folgender Entscheidungsfrage: Ist die Benutzung von Handys eine Gefahr für die Bürger?

Pro-Argumente (Ja!):
- Viele Menschen, besonders solche, die ihr Handy beruflich einsetzen, stehen unter Dauerstress, weil sie das Handy nie ausschalten, um immer erreichbar und konkurrenzfähig zu sein.
- Die von Mobilfunkmasten ausgehende Strahlung ist gefährlich. Es wird noch nicht einmal darauf Rücksicht genommen, ob diese in der Nähe von Wohnsiedlungen aufgestellt werden.
- Die von einem Handy ausgehende Strahlung ist aber weitaus gefährlicher: Zehn Minuten mit dem Handy telefonieren entspricht in etwa der Dosis von Strahlen, die man sich einhandelt, wenn man einen ganzen Tag in 50 Metern Entfernung von einer Mobilfunkanlage verbringt.
- Kritiker glauben, dass diese Art der Strahlung Konzentrationsstörungen, Schlaflosigkeit oder Hörschäden verursachen, das Immunsystem schwächen und sogar Krebserkrankungen wie Tumore auslösen kann. Trotz Warnungen gehen viele Verbraucher nicht verantwortlich mit dieser Technik um. So könnte man häufiger das Festnetz nutzen, im Freien telefonieren oder SMS-Kurznachrichten versenden. Außerdem sollte man es nicht in der Nähe lebenswichtiger Organe tragen.
- SMS-Kurzmitteilungen verleiten oft dazu, voreilig etwas zu schreiben, was nicht so beabsichtigt wurde. Somit entstehen Stress und Streit.
- Die Konsumhaltung der Verbraucher artet in einen regelrechten Wettbewerb aus. Besonders jüngere Menschen geraten in einen Wettstreit darüber, wer das neueste und trendigste Modell mit den meisten Zusatzfunktionen hat.
- Junge Menschen geraten in die Schuldenfalle aufgrund zu hoher Telefon- und SMS-Kosten, die sie nicht zu jedem Zeitpunkt überblicken können. Hinzu kommen die Kosten für das Herunterladen von Logos, Klingeltönen und Spielen.

Kontra-Argumente (Nein!):
- Bislang gibt es keine Langzeituntersuchungen mit gesicherten Erkenntnissen über die Gefährdung durch Handys bzw. deren Strahlung. Über Schäden lassen sich daher nur Vermutungen in Bezug auf Einzelfälle anstellen.
- Heutzutage muss man mobil erreichbar sein, um im Beruf mithalten zu können und um konkurrenzfähig zu bleiben. Immerhin haben drei Viertel der Bevölkerung Deutschlands ein Handy und nutzen es auch.
- Handys sind mittlerweile zu unverzichtbaren Nutzgegenständen geworden wie auch Video-Player oder Navigationssysteme. Außerdem werden sie zu mobilen medizinischen Helfern umfunktioniert und können z. B. als Herztöne-Messer eingesetzt werden. Auch Diabetiker und Epileptiker können Handys mit Sonderfunktionen nutzen, um physische Daten zu er- oder zu übermitteln.
- Der Nutzen überwiegt, denn sie erleichtern den Alltag extrem. So kann man z. B. Verabredungen spontan umdirigieren, bei Gefahrensituationen schneller Hilfe holen oder selber bei einem Unfall geortet werden.
- Die Zahl der Handynutzer übersteigt mittlerweile die Zahl der Festnetzanschlüsse.
- Moderne Zeiten erfordern moderne Kommunikationsmethoden; in allen Ländern haben sich die Kommunikationsrituale verändert. So signalisiert ein Handy beispielsweise „Ich bin bereits vergeben." – oder es erweist sich als schick, gerade keins zu haben. Jeder kann frei entscheiden, ob er es braucht oder nicht. Dennoch ist es mittlerweile Kontaktmittel Nummer eins.
- Mobiltelefone ermöglichen leichte Konversation an jedem Ort und zu jeder Zeit. Um zu erfahren, ob man stört, kann man zunächst eine SMS verschicken und auf Rückmeldung warten.
- Die Möglichkeit, SMS-Kurzmitteilungen zu verschicken, macht Menschen mutiger, Dinge mitzuteilen, die sie sich sonst nicht trauen. Die Mitteilungsmöglichkeiten des Handy fördern also auch die Kommunikation.
- Bei Angst-Patienten kann das Handy sogar als Therapiehilfe wirken, denn mit dem Mobiltelefon in der Tasche haben sie wieder Mut rauszugehen.

Lösungen zu Seite 84

1b) Handlung: Inhalt des Films, Genre (Generationskomödie), Beziehungszusammenhang (historisch: 70er-Jahre, Studentenunruhen (Dutschke)
Figuren und Schauspieler: Namen der Schauspieler und des Regisseurs, schauspielerische Leistung (Text 2)
Schauplätze und Ausstattung: Wohnungen fremder Leute, Berghütte, Mobiliar
Kamera: Einstellung mit digitaler Handkamera
Musik, Sprache: Phrasen
Gesamtbewertung: positiv (Text 1) negativ (Text 2)

1c) Während sich Text 1 um eine objektive, sachliche Beurteilung des Filmes bemüht, ist Text 2 deutlich subjektiv verfasst. So belegt der Kritiker in Text 1 seine Aussagen anhand von Zitaten („Sie haben zu viel Geld", ...), während der 2. Text von persönlichen Äußerungen und Wertungen gefärbt ist (Z. 1: „... Gut. Die der fragwürdigen Filme ..."). Umgangssprachliche Wendungen („Mist", „echt gekniffen", „Bonze") unterstützen diesen Eindruck ferner. Es wird darüber hinaus mit vielen rhetorischen Fragen gearbeitet, die zunächst eine objektive Betrachtungsweise des Kritikers vorgaukeln, den Leser jedoch von seiner Meinung überzeugen soll. Text 1 wiederum beinhaltet abgewandelte Redensarten („High sein, frei sein, ...", „Manche Menschen ändern sich nie. Manche Ideen ..."), die der Kritik die nötige Schwere nehmen und auf den komödiantischen Anteil des Filmes verweisen. Ansonsten verläuft die Kritik des 1. Textes sehr stringent auf den Inhalt bezogen. Durch eine sich wie ein roter Faden durch die Kritik ziehende Inhaltszusammenfassung verliert der Leser nie den Bezug zum Film und die zu kritisierenden Aspekte.

Lösungen zu Seite 87

1. **Protokoll**

Anlass der Sitzung:	1. SV-Sitzung
Datum:	27.01.2006
Beginn:	10.00 Uhr
Ende:	10.45 Uhr
Ort:	Anne-Frank-Schule, SV-Raum
Anwesende:	Frau Müller (SV-Lehrerin), Klassensprecher der Klassen 5–10
Abwesende:	Klassensprecher der 7c und 10a
Protokollführer:	Frederick Schneider

Tagesordnung:

TOP 1:	Wahl des Schülersprechers und seines Vertreters
TOP 2:	Aktion am Valentinstag
TOP 3:	Situation auf den Toiletten
TOP 4:	Schuljubiläum
TOP 5:	Verschiedenes

2. TOP 1: Die Klassensprecher der einzelnen Klassen stellen sich vor. Frau Müller, die SV-Lehrerin, leitet die Wahl zum Schülersprecher bzw. zum Vertreter des Schülersprechers. Zur Wahl stellen sich Monika, Martin und Nico. Monika wird mit 8 Stimmen zur Schulsprecherin gewählt, Nico erhält 6 Stimmen und wird Schülersprechervertreter. Auf Martin fallen 2 Stimmen.
TOP 2: Der Klassensprecher der 9b schlägt vor, eine Valtentinsaktion zu starten. Zunächst wird diskutiert, ob dies sinnvoll ist. Rouven schlägt vor, dass die SV in der Schule Schokoladenherzen anbietet. Interessierte Schüler können dort eines kaufen und mit einer Botschaft für jemanden beschriften. Am Valentinstag werden die Herzen von der SV an die Auserwählten verteilt. Ausgerechnet wurde, dass bei einem Einkaufspreis von ca. 0,50 € ein Verkaufspreis von 0,80 € realistisch sei. Der erwirtschaftete Reinerlös kommt der SV-Kasse zugute. Rouvens Vorschlag wird mehrheitlich angenommen (13 / 3 Stimmen).
TOP 3: Der 7. Jahrgang stellt den Antrag, eine Möglichkeit zu finden, die Toiletten sauber zu halten. Karsten schildert die jetzige Situation auf den Toiletten: Dort finden sich Schmierereien, es riecht nach Zigarettenqualm und die Klobrillen sind teilweise zerstört. Die Schüler des 7. Jahrganges schlagen daher vor, einen Toilettendienst einzurichten. Somit können Schmierereien und Zerstörungen verhindert und Raucher ausgesperrt werden. Es wurde über die Durchführung dieses Dienstes diskutiert. Anschließend wurde Marens Vorschlag aufgegriffen, bis zu den Osterferien Schüler der Jahrgänge 8–10 Aufsicht in den Toiletten führen zu lassen. Danach soll in der SV über die Erfahrungen mit den Diensten gesprochen werden. Bei positiven Erfahrungen soll weiter so verfahren werden. Marens Vorschlag wurde knapp mit 9 zu 7 Stimmen angenommen. Ab der nächsten Woche beginnt die 8a mit der Aufsicht auf den Toiletten.
TOP 4: Frau Müller weist darauf hin, dass die Anne-Frank-Schule am 30.06.2006 ihr 25-jähriges Bestehen feiert. Dazu ist ein großes Fest geplant, an dem sich die ganze Schule beteiligen soll. Die Klassen sollen Vorschläge machen, wie sie sich beteiligen wollen: Welche Programmpunkte sind geplant? Wer kümmert sich um die Bewirtung? Wer macht Musik? Sollen Spiele durchgeführt werden? Wer soll eingeladen werden und wie sollen die Einla-

(Fortsetzung: Seite 130)

Lösungen zu Seite 87 (Fortsetzung von Seite 129)

dungen gestaltet werden? Bis zum 30.04.2006 sollen die Klassensprecher die Ideen der Klasse Frau Müller mitteilen.
TOP 5: Der Termin der nächsten SV-Sitzung ist der 01.03.2006. Bei Katrin (9a) sollen die Klassen- und Schülersprecher Fotos abgeben, damit jeder Schüler weiß, an wen er sich wenden kann.

Coesfeld, 28.01.2006

Frederick Schneider

Lösungen zu Seite 88/89

1. **Protokoll**

Anlass der Besprechung:	Klassenfahrt nach Berlin
Datum:	23.05.2006
Beginn:	8.00 Uhr
Ende:	8.45 Uhr
Ort:	Klassenraum der 10b
Anwesende:	Frau Dierksen, Schüler der 10b
Abwesende:	Carmen
Protokollführer:	Marion

Tagesordnung:

TOP 1:	Organisatorisches (Abfahrt / Ankunft)
TOP 2:	Unterkunft
TOP 3:	Programm
TOP 4:	Verschiedenes

TOP 1: Abfahrt ist am 09.06.2006 um 7.00 Uhr vom Schulparkplatz an der Holtwicker Straße. Auf der Rückfahrt am 09.06.2006 ist mit der Ankunft um 22.00 Uhr zu rechnen.
TOP 2: Die Adresse der Unterkunft lautet: Hotel Berolina, Stuttgarter Platz 17, Berlin-Charlottenburg. Jeder muss eine Kaution von 25 € hinterlegen. Absolute Zimmerlautstärke ist einzuhalten. Für die Mädchen sind Vier-Bett-Zimmer vorgesehen, die Jungen haben zwei Fünf-Bett-Zimmer und ein Drei-Bett-Zimmer zur Verfügung.
TOP 3: Feste Programmpunkte sind am Montagnachmittag eine Stadtführung zu Fuß vom Brandenburger Tor aus und am Mittwochmorgen ein Besuch des Reichstages mit anschließender Kuppelbesteigung. Der Rest der Zeit steht zur freien Verfügung. Schüler melden sich jedoch bei den Lehrern ab und gehen mindestens in Dreiergruppen. Fahrkarten gelten drei Tage lang für U-Bahn, S-Bahn und Busse.
TOP 4:
- Jeder Schüler erhält einen Stadtplan zur besseren Orientierung.
- Handy-Nummern sollen in eine Liste eingetragen werden, damit die Besitzer im Notfall erreicht werden können.
- Krankenkassenkarten sind mitzunehmen.

23.06.2006

Marion Saxer

Lösungen zu Seite 91

1. Name: Katharina Neuber

Anschrift:	Dimker Allee 126 48653 Coesfeld Tel. 02541/221 Kathi@planet.de
Geburtsdatum:	12.09.1991
Geburtsort:	Coesfeld
Eltern:	Marie Neuber, Rechtsanwältin Georg Fischer, Bankkaufmann
Geschwister:	ein älterer Bruder
1997 – 2001	Grundschule an der Waldstraße in Coesfeld
seit 2001	Jeannette-Wolff-Realschule in Coesfeld

(Fortsetzung: Seite 131)

Lösungen zu Seite 91 (Fortsetzung von Seite 130)

Lieblingsfächer:	Mathematik und Englisch
Schulabschluss:	voraussichtlich Juni 2006 Fachoberschulreife
Kenntnisse:	Computer-Kenntnisse, VHS-Kurs Tastenschreiben
Hobbys:	Basketball spielen, Computer
Betriebspraktikum:	Spedition Sander (3 Wochen)
Berufswunsch:	Floristin

Coesfeld, ...
Katharina Neuber

Lösungen zu Seite 96

1. – Inhalt: Personen, Ort, Zeit, Handlung
   – Aufbau: Anfang, Schluss, Perspektive, Zeitsprünge, Wendungen
   – Sprache und Stil / Erzählweise: Wortwahl, Satzbau, Sprachbilder, Zeitform
   – Deutung / Bewertung: mögliche Aussage, eigene Meinung
2. Titel, Autor, Textsorte, Thema, Deutungshypothese
3. Deutschland vor ...: Paarreim, Anapäst
   Trenne nun das s vom t ...: Paarreim mit Assonanz, vierhebiger Trochäus mit männl. Kadenz
   Christine – ...: Paarreim, vierhebiger Jambus mit männl. Kadenz
   „Wünschelrute" von J. von Eichendorff: Kreuzreim, vierhebiger Trochäus mit abwechselnd weibl. und männl. Kadenz
4. Wer hält die Rede? Welcher Zeitpunkt? Welcher Anlass? Wo wird geredet? Wer ist unmittelbarer Adressat? Wer indirekter?

Lösungen zu Seite 97

5. Ziel: Keine Toleranz im Umgang mit Rechtsradikalen
   Adressat: alle Bürgerinnen und Bürger, Politiker, Richter
   Thesen:
   1. Das Gesetz soll Härte im Umgang mit Rechtsradikalen zeigen
   2. Ahnungslosigkeit und Hilflosigkeit herrscht bei Parteien
   3. Parteien blieben untätig
   4. NRW muss an Gegenstrategien arbeiten
   5. Aufstand der Anständigen wird gefordert
6.

Haribo macht Kinder froh und Erwachsene ebenso!	Reim
Marathon-Batterie	Neologismus
Milch macht müde Männer munter!	Alliteration
Have a break – Have a kitkat.	Anglizismus
Im Falle eines Falles klebt UHU einfach alles!	Reim / Hyperbel
Nichts ist unmöglich – Toyota	Hyperbel
Pack den Tiger in den Tank	Hyperbel / Metapher
Geschmacks-Geheimnis	Neologismus
Mars macht mobil, bei Arbeit, Sport und Spiel	Reim / Alliteration
Was wollt ihr denn? Maoam	Rhetorische Frage
Herzhaft frisch, würzig fein, wir haun' rein!	Reim

Lösungen zu Seite 99

9. Das Ergebnisprotokoll hält lediglich Ergebnisse fest, während das Verlaufsprotokoll auch den Ablauf eines Geschehens mit aufnimmt.
10. Ein stichhaltiges Argument wird abgesichert durch Beispiele oder Belege, z. B. die Meinung von Autoritäten. Gut formuliert, nimmt es gleich ein Gegenargument auf und entkräftet dieses.
11. Persönliche Daten, Name, Anschrift, Geburtsdatum, Geburtsort, Name der Eltern, Beruf der Eltern, Geschwister, Schulbildung, Neigungsfächer, Schulabschluss, Betriebspraktikum, Persönliche Interessen, Kenntnisse, Hobbys, Ort und Datum, Unterschrift

LÖSUNGEN

Lösungen zu Seite 100

1. Wie heißt der Titel?
   Dieser Roman ist keine Abenteuergeschichte und keine Robinsonade, wie sie zu der Zeit üblich waren. Er ist vielmehr psychologisch ausgerichtet und stellt die seelischen Vorgänge in einem empfindsamen, fantasievollen Menschen in den Vordergrund. Dieser Schwärmer verliebt sich ohne Wenn und Aber in ein hübsches Mädchen, das ihm wesensverwandt ist, aber schon mit einem braven Mann verlobt ist, der für Ordnung und Emsigkeit stadtbekannt ist. Die Liebe kann für die Hauptperson nicht glücklich enden. Die beiden gehen nicht durch Dick und Dünn. Ihn belastet das Gefühl, schuld zu sein an der misslungenen Beziehung, und er steht vor dem Nichts. Von früh bis spät denkt er an sie. Über kurz oder lang blitzt in ihm der Gedanke auf, dass er den Kerker seines Körpers ohne Weiteres verlassen könne, wann er wolle. Das Verfassen des Romans in Briefform erhöht die Möglichkeit des Einfühlens in den Unglücklichen und war zur damaligen Zeit etwas Besonderes. Was den Verfasser dieses Werkes störte, war das starke Interesse seiner Leserschaft an der Frage, was denn an der Sache wahr sei. Kannst du erraten, in welchem Roman der Protagonist diesem ständigen Auf und Ab ausgesetzt ist?
   Lösung: Johann W. v. Goethe: Die Leiden des jungen Werther
2. gefangen nehmen, bloßstellen, schwarzzuarbeiten, gut schreiben, freigesprochen, liebäugelte, auswendig lernen, Schlange stehen, auseinandergehen, Vor Freude strahlend
3. die Dokumentation, die Existenz, der Kandidat, die Kandidatur, die Korrespondenz, der Simulant, das Präparat, die Subtraktion, die Brillanz, die Aktualität, die Kompetenz, die Sensation

Lösungen zu Seite 101

4. Vom Untergang der Titanic waren 1912 Junge und Alte, Kleine und Große betroffen. Der Tod machte weder vor Reich noch vor Arm Halt. Dieses Schiffsunglück, das in unseren Tagen zum modernen Mythos geworden ist, lässt so viele Jahre danach noch die Kassen klingeln, denn immer neue Sachbücher werden verfasst, Filme gedreht, Musicals geschrieben, Katastrophen-Menüs gekocht. Selbst die Lust, die Originalmusik beim Dinner zu hören, verdirbt nicht den Appetit. Titanic-Fan-Clubs, voll auf Untergang eingestellt, verkaufen weltweit T-Shirts, Schlüsselanhänger sowie Aufkleber mit Zeichnungen des sinkenden Schiffes. Es werden sowohl Magazine angeboten als auch Abenteuerspiele, die glaubwürdig die Originaluntergangssituation simulieren, welche bei eingefleischten Fans besonders beliebt ist. Dies ist sicher geschäftstüchtig, clever und profitabel, jedoch auch makaber und abwegig.
5. Mobilfunk sei eine Gefahr für die Bürger. Die Frage, ob die von Mobilfunk-Masten ausgehende Strahlung gefährlich sei, trete eher in den Hintergrund, da das Telefonieren mit dem Handy weitaus gefährlicher sein könne:
   10 Minuten mit dem Handy zu telefonieren bewirke in etwa die Dosis von Strahlen, der man ausgesetzt sei, wenn man einen ganzen Tag in 50 Meter Entfernung von einer Mobilfunkanlage verbringe. Solange es keine gesicherten Erkenntnisse in Bezug auf die Gefährdung gebe, müsse man sensibel sein und verantwortlich mit dieser Technologie umgehen. Denn diese Strahlung könne Konzentrationsstörungen oder Schlaflosigkeit verursachen und sogar Krebserkrankungen auslösen. Deshalb solle man Handys nicht in der Nähe lebenswichtiger Organe tragen.

Lösungen zu Seite 102

6. a) Ein Job wird zurzeit von über 4 Millionen Menschen in Deutschland gesucht.
   b) Nur einem Bruchteil der Bewerbungen wird Beachtung geschenkt.
   c) Eigens geschultes Personal durchleuchtet die Bewerber bis ins Kleinste.
   d) Viel Geduld wird besonders von Ausbildungssuchenden bewiesen.
   e) Betriebe haben Schulnoten noch nie so hoch gewichtet wie heute.
7. a) Für die weltweite Erwärmung werden vor allem Kohlendioxid-Emissionen verantwortlich gemacht.
   b) Ich bin zu spät gekommen, weil du mir die falsche Zeit genannt hast.
   c) Die Berghütte liegt oberhalb des Lifts.
   d) Die Kurzgeschichte handelt von einem Mann, der nach Kriegsende nach Hause kommt und dort alles zerstört findet.
   e) Im Juli dieses Jahres werde ich die Schule verlassen.
8. b) Vergleich c) Alliteration d) Anapher, Parallelismus e) Oxymoron f) Paradoxon g) Metapher h) Hyperbel

Lösungen zu Seite 103

9. Trochäus Jambus Daktylus Anapäst
10. Eine Ballade ist eine in Strophen gegliederte, längere Gedichtform mit meist handlungsreichem Inhalt.
11. Überschrift, rhetorische Mittel, Informationstext, Produktname, Fotos/Zeichnungen, graphische Effekte, Werbeträger/Personen, Formen/Farben, Hingucker, Slogan
12. lineare, geradlinige, steigernde Erörterung / dialektische (Pro-und-Kontra-Erörterung) / Argumente / These, Begründung, Beweis (Beispiel, Beleg), Folgerung